中国・シルクロード
ウイグル女性の家族と生活
Family and Life of Uygur's Women
in Silk Road, Xinjian Uygur Autonomous Region, China

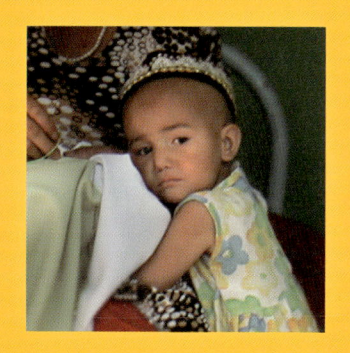

岩崎 雅美
編著

東方出版

はじめに

　本書は2004年8月に東方出版から発行した『中国・シルクロードの女性と生活』の続編である。

　日本人にとって中近東に位置するイスラム社会は遠い国々であり、イスラムに帰依した人々・ムスリムに対する理解は薄いと云っても過言ではないであろう。また砂漠、乾燥、オアシス、多民族というキーワードも理解しにくいものである。中国・シルクロードの西域に居住し、ムスリムのウイグル族、カザフ（ハサク）族、回族などの人々は、政治的には社会主義の中華人民共和国の中にあるものの、宗教的にはイスラム社会を形成して、いわば二重構造の社会である。総じて厳しい自然、伝統、政治のバランスの中で生活をしているのである。

　私たちは中国の小数民族の中で最も人口の多いウイグルの人々を調査対象に選び、平成11（1999）年から7年間、毎年中国・新疆ウイグル自治区のウルムチを中心にして、イーニン、カシュガル、アトシュ、トルファン、ハミ、ホータン、グマ、キリヤなどウイグルの人々が多く居住する地域を訪問しながら生活調査を行ってきた。地域によっては複数回訪問したが、夏、冬、断食期（ラマザン）など時期も変えながら、できるだけ多くの民家訪問を目指した。しかし、ウイグルの人々にとって初めて出会う外国人研究者に家族の様子を話したり、内輪の生活の実態を見せたりすることは容易なことではない。逆の立場に立って考えれば簡単に想像がつく。ゆえに訪問先が見られてもよいと思われる裕福な家庭が中心になっているが、全般的な生活の型や生活意識の発見などに研究の焦点を置いているので、この点についての問題は少ないと考えている。我々グループの専門分野は家族関係学、ジェンダー学、服飾史・服飾美

学、食物栄養学、住環境学、生活健康学等で、それぞれの視点で観察し考察を試みている。ゆえに本書を通して読むことで、ウイグルの人々の総合的な生活が見えてくると思われる。『中国・シルクロードの女性と生活』の発行後の調査も加わり、少し踏み込んだ内容を紹介している。

　西洋と日本という二極的な見方で外国をみることの多い私たちにとって、イスラムの生活や価値観を知ることは新鮮な視点の導入と思われる。この書によって日本人の生活とウイグル人の生活の共通性や相違を愉しんで頂ければ幸いである。

岩崎雅美

中国・シルクロード　ウイグル女性の家族と生活　　目次

まえがき　　i

第1章　トルファンにおける女性の生活………………………宮坂靖子　003
　　　　家族・ライフコース・仕事

第2章　変わるウイグル社会と女性の生活変動………………服部範子　031

第3章　ウイグル女性の生活と服飾……………………………岩崎雅美　059
　　　　強いジェンダー意識の表現として

第4章　ウイグルの文様の特色とキリヤの服飾…岩崎雅美・村田仁代　083

第5章　ウイグルの食生活と栄養………………………………中田理恵子　107

第6章　ウイグルの住まいと生活の特徴………………………久保博子　125
　　　　住み心地

第7章　ホータン地区ウイグル族の住まいと生活……………瀬渡章子　149

索　引　175
あとがき　178

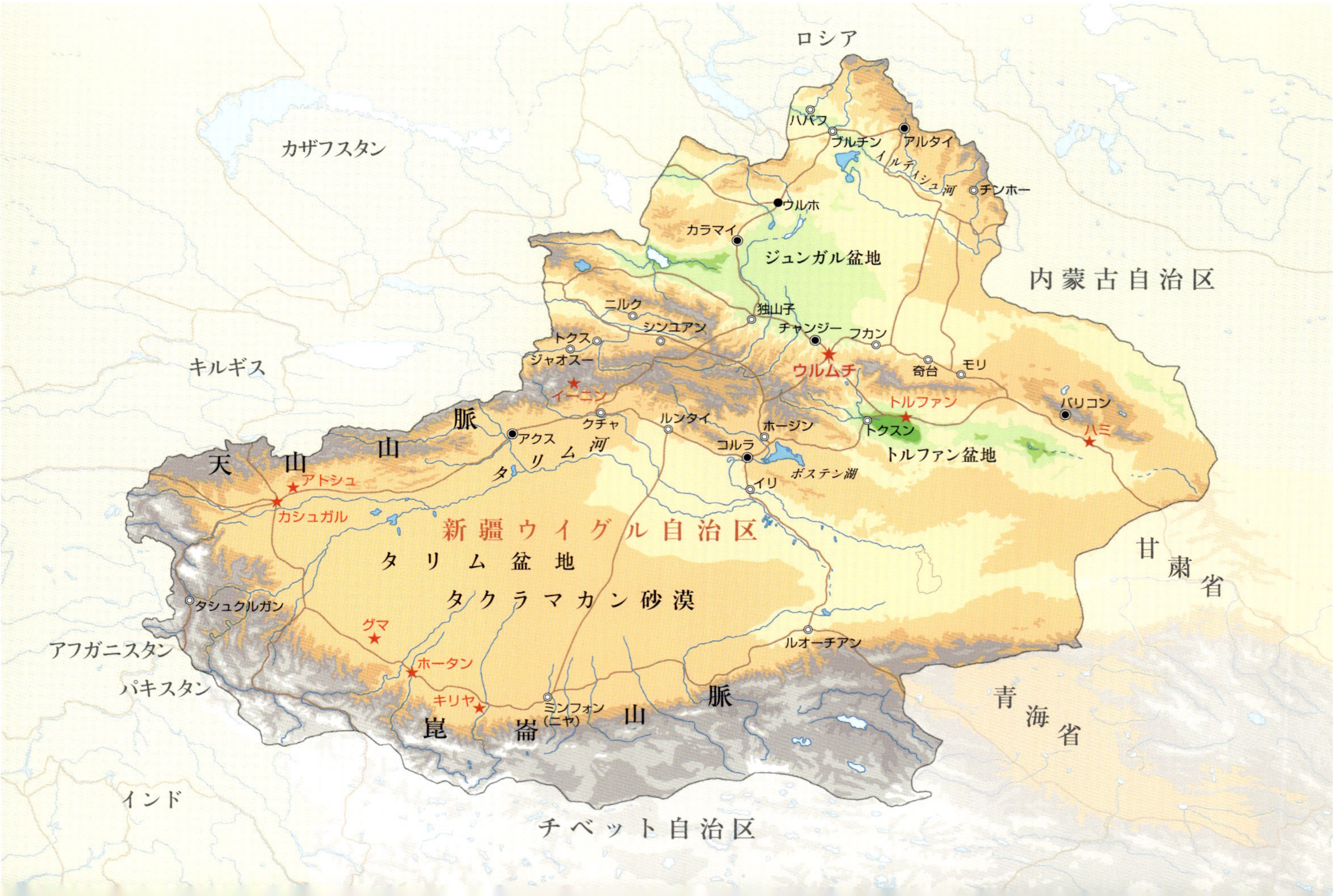
ロシア
カザフスタン
キルギス
アフガニスタン
パキスタン
インド
チベット自治区
青海省
甘粛省
内蒙古自治区
新疆ウイグル自治区
ジュンガル盆地
トルファン盆地
タリム盆地
タクラマカン砂漠
天山山脈
崑崙山脈
タリム河
イルティシュ河
ボステン湖
ハバフ
ブルチン
アルタイ
チンホー
ウルホ
カラマイ
独山子
チャンジー
フカン
ウルムチ
奇台
モリ
バリコン
ハミ
トルファン
トクスン
ホージン
コルラ
イリ
ルンタイ
クチャ
ニルク
シンユアン
トクス
ジャオスー
イーニン
アクス
アトシュ
カシュガル
タシュクルガン
グマ
ホータン
キリヤ
ミンフォン（ニヤ）
ルオーチアン

中国・シルクロード
ウイグル女性の家族と生活
Family and Life of Uygur's Women
in Silk Road, Xinjian Uygur Autonomous Region, China

第 1 章

トルファンにおける女性の生活
家族・ライフコース・仕事

宮坂靖子
Miyasaka Yasuko

新疆、ウイグルという言葉さえも知らなかった筆者が、1999年10月、思いがけずも新疆ウイグル自治区を初めて訪問してから8年が経とうとしている。この間新疆を6回訪問し、フィールドワークを行った地域は、北疆のウルムチ、イーニン、トルファン、南疆のホータン、カシュガルなど広範囲に及んだ。本章では、2005年8月にトルファンで行ったフィールドワークを中心に、ウイグル人の生活や文化を家族とジェンダーの視点から紹介することとしたい。

I
地域と調査の概要
トルファンにおけるフィールドワーク

(1. トルファン地区の概況)

　新疆ウイグル自治区のトルファン地区は、四方を山に囲まれた盆地である。最高気温は47℃以上であり、最高気温が35℃を超える炎熱日が年間100日以上、最高気温が40℃を超える酷熱日が年間35～40日にも及ぶ。4～7月には強風（西北風）が砂漠の砂を巻き上げながら吹き荒れる。年降水量はトルファン市で10.5㎜と少ない乾燥地帯であるが、夏期には北部のボーグーダー峰（博格達山）、西部のカラウーチャン峰（喀拉烏成山）からの雪融け水の恩恵を十分に受ける[1]。

　トルファン地区はトルファン（吐魯番）市、ピチャン（鄯善）県、トクスン（托克遜）県の1市2県からなる。

第1章
トルファンにおける女性の生活

2004年のトルファン地区の総人口は575,690人、総世帯数162,750世帯、出生率13.54‰、死亡率3.13、人口増加率10.41である。[2]

2004年のトルファン地区の民族構成は、ウイグル族69.8％、漢族23.4％、回族6.5％、その他、満族、ハサク族、蒙古族、ウルス族、シボ族、ウズベク族等が0.3％となっている。ウイグル人の割合は、1975年の70.6％から、70％前半代で増減を繰り返しながら、2004年69.8％と約7割で一定している。[3]

他の地域との比較は図01に示した通りであり、ウイグル文化が今も強く残っている南疆のカシュ（喀什）地区やホータン（和田）地区ほどにはウイグル族の割合は多くないものの、漢民族流入の多い都市部に比べれば比較的ウイグル族が多いと言える。

図01　地域別民族構成（2004）

表01　地域別都市部地域の生活状況

	平均世帯人員数	平均収入（年）*
ウルムチ市	2.64	100
トルファン地区	3.38	66
イーニン市	3.14	85
カシュ地区	3.93	43
ホータン地区	3.46	66

注）* 世帯一人当たりの平均値。ウルムチ市を100とした場合の数字
出典：新疆維吾爾自治区統計局 2005, 288頁

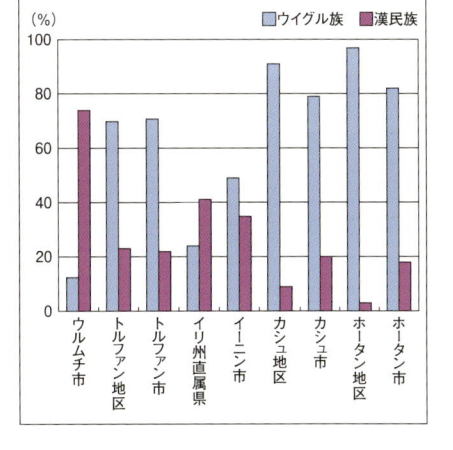

トルファンは新疆でも有数の観光地である。中国ではおいしい果物の代名詞として「ハミのメロン、トルファンの葡萄」ということがよくいわれるが、両者ともこのトルファンが産地である。どの家庭を訪問しても、中庭には葡萄棚があり、葡萄や干し葡萄がふるまわれる。農産物として他にも、綿花、野菜、小麦、コウリャン（高梁）が栽培されている。[4]

01　葡萄の出荷作業をする人々（トルファン、2000）

02 葡萄郷で干し葡萄を売る女性（トルファン、1999）

03 コウリャンと綿花（トルファン、2005）

04 トルファン市街地の新築マンション（トルファン、2005）

05 パソコンで遊ぶ女の子［学校のクラスでパソコンがあるのは1軒のみ］（トルファン、2005）

　平均世帯人員は、南疆ほど多くはないが、都市部よりは多い傾向がある。世帯一人当たりの平均収入は、南疆よりは都市部に近い（表01参照）。家族形態の面では伝統的な要素を引き継ぎつつ、かつ比較的豊かな地域といえる。生活水準も年々上昇の傾向にあり、都市部住民の家庭での耐久電化製品の所有率（2004年）は、カラーテレビ105％、冷蔵庫88％、電気洗濯機78.5％、DVD・VCD60％、エアコン48％、オートバイ39％、パソコン19％となっている。

2. 調査の概要

　2005年8月29日〜9月9日に、トルファンと南疆のホータンを中心としたフィールドワークを行った。8月30日〜9月3日にはトルファンに滞在し、トルファン（吐

魯番）市とピチャン（鄯善）県において家庭訪問により主に6名の女性に対してインタビュー調査を行った。

インタビュー調査の対象となったのは、1949年～1967年生まれの女性6名で、年齢は、41歳が2名、44歳、51歳、53歳、56歳が各1名であった。夫の年齢は、42歳～59歳が4名で、2名は死亡していた（2005年調査時）。家族成員数は、3人1世帯、4人2世帯、5人2世帯、8人1世帯で、家族構成は、核家族が3世帯、直系三世代家族が1世帯、直系四世代家族が1世帯、隔代家族が1世帯であった。隔代家族とは、直系家族の一種であるが連続しない世代が同居するもので、夫婦と長男夫婦の子どもが同居していた（長男夫婦は別居）。また核家族3世帯の中の1世帯は女性と養子2名から成る世帯であった。5組の夫婦の平均初婚年齢は、妻18歳、夫20歳でともに早婚であり、平均子ども数は4.2人であった。

II 日常生活

1. 女性の日常生活

6世帯のうち3世帯が葡萄農家であった。他にも、夫婦の子どもが葡萄栽培を行っていたり、退職後に夫の葡萄栽培を手伝うようになったケースを含めると、6世帯中5世帯が葡萄栽培に関連していた。

葡萄農家のアナルグルさん（氏名はすべて仮名）の一日の生活パターンは以下のようである。朝4時起床、礼拝（ナマズ）、朝食の用意。朝食をとってから、葡萄畑で農作業。家に戻り、昼食の準備をして昼食。昼食後13時半頃から15時半頃まで午睡または休憩。その後16時から18時半頃までまた葡萄畑で農作業。農作業を終え自宅

に戻り、夕食の準備、夕食、そして10時頃就寝。

　台所は、上水道は整備されている。燃料は夏場は農作物の茎等を乾燥させた物を焚き物に使い、冬は石炭であった。家畜として山羊を6頭飼育している。また干し葡萄を作るための煉瓦で作った小屋があった。この小屋で干した葡萄は黄緑色の干し葡萄になるが屋上で直接日光に当てた葡萄は黒みを帯びた茶色となる。

06　民家の縁台でもてなしを受ける（トルファン、2005）

07　縁台をおおう葡萄棚（トルファン、2005）

08　客人をもてなす葡萄とナン（トルファン、2005）

09　民家の干し葡萄を作る小屋（トルファン、2005）

10　民家の台所（トルファン、2005）

アナルグルさんの夫の母親の話では、トルファンでは羊や牛や山羊を飼うことが多い。アナルグルさん宅でも以前は羊と山羊を飼っていたが、現在は山羊6頭を主に食用として飼育している。「山羊は1年に2回子どもを産むし、とてもおいしい」し、2種類の家畜を一緒に飼うことはよくないという言い伝えもあるのだと言う。

夏期の生活時間についての聴き取りでは、大方起床は4時、礼拝から一日の生活が始まり、就寝は21〜22時頃が多かった。

冬期の生活パターンは、6時起床、礼拝、朝食の準備、7時頃朝食、12時頃昼食、18〜19時夕食、23時頃就寝となり、冬期は夏期と大方2時間の時差があった。

農作業のない冬期には、家畜の世話、食事の準備、片付け、部屋や庭の掃除など通年の日常的作業のほか、農繁期にはできない布団の打ち直し、洋服の繕いや縫製などをする。暖房用のオンドルに石炭を使用するため、掃除も手間がかかる。

イスラームでは1日5回の礼拝をすることが義務付けられている。1日5回の礼拝は、夜明け、昼、午後、日没、夕べであるが、礼拝の時間はそれぞれの土地により異なる。

新疆では、礼拝の時間は、夜明け前の4時半(冬は6時半)、12時半、15時半、17時、19時過ぎとなっているが、個人によっても多少の違いがある。農繁期は昼間の礼拝が欠ける時もあるが、冬は1日5回の礼拝を行う。アイグルさんは、3年前(2002年)に夫を亡くしてから、農繁期であっても5回の礼拝を欠かさないように努めているという。

ただ、同じイスラームでもアフガニスタンと比べると

11 インタビューにこたえる女性(トルファン、2005)

12 トユーク郷の民家のカン(トルファン、2005)

13 山頂より見渡すトユーク郷（トルファン、2005）

14 トユーク郷のモスク（トルファン、2005）

15 モスクの屋上からアザーンを呼びかける老人（トルファン、2005）

イスラーム色は弱い。アフガニスタンでは、1日5回の礼拝の時刻を告げるアザーン（礼拝への呼びかけ）があり、早朝にアザーンの声が拡声器で街中に響きわたるのだが、新疆ではそのようなアザーンを耳にしたことはなかった。ただ100年前の暮らしを今に残すといわれているピチャン県トユーク（吐峪溝）郷で、村のモスクの屋上でアザーンを行う老人を見かけた。拡声器を使わず肉声のみの伝統的なスタイルであった。

16 土に埋められる葡萄［葡萄郷にて］（トルファン、1999）

（2．葡萄栽培）

　アナルグルさん宅では4.5畝の葡萄畑を所有し夫婦二人で行っている。1年間の主な作業の流れは以下の通りである。3月10日頃、土に埋めてあった葡萄を掘り出し、葡萄棚を修繕したり、防虫剤をかける。7月15日頃〜夏の間が葡萄の収穫期である。10月1日頃葡萄棚から葡萄をおろし、11月1日頃葡萄を土に埋める。一年でもっとも忙しいのが夏の収穫期であるという。

　アイグルさんは夫を3年前（2002年）に亡くし、現在、同居している未婚の長男、次男と一緒に3畝の葡萄畑を所有している。長男は中学卒業、次男は高校卒業後、家業を手伝うようになった（次男は父親が死亡したため進学できなくなった）。羊6頭も飼育している。

　トルゥン・アイさん宅では、妻と次男で葡萄畑10畝を所有している。数年前新しい土地を購入して葡萄栽培を拡大した。同居している長男はタクシー運転手となったため、次男が中学卒業と同時に農業を始めた。葡萄を棚から下ろして埋める時など手間がかかる時は、5、6人の人を雇って作業する。夫は葡萄商人であり、冬期に葡萄の選別を手伝う程度。家の庭には北京ナンバーを付けた大きなトラックがあった。その他、トルゥン・アイさ

17　民家の台所と葡萄出荷用のトラック（トルファン、2005）

18　収穫した綿花を手にする女性（トルファン、2005）

んは綿花とコーリャンの栽培も行っている。綿花は8～11月に収穫し、200kg程度を売りに出している。家畜は牛1頭を飼っている。

　ユルトゥーズさん宅では1.5畝の葡萄畑を所有しているが、ユルトゥーズさん夫婦は別の仕事を持っており、人に栽培を委託している。別居している既婚の次男と同居で未婚の三男が時折手伝っている。

　また、アイシャムグルさん自身も幹部退職後は夫と共に4畝の葡萄畑で栽培を行っている。現在は夫が病気になったため、農繁期には人を雇っている。家畜は、羊とロバを5、6頭飼育している。

19　民家の中庭に集う人々（トルファン、2005）

第 1 章
トルファンにおける女性の生活　013

（3. 生活のたのしみ）

　「葡萄が沢山収穫できて沢山売れること」「子ども達が希望通りの人生を歩めること、子どもが成功すること」「家族みんなが元気で集まって食事ができること」、葡萄農家で未亡人のアイグルさんは、しあわせを感じる時をこのように表現してくれた。結婚後は、毎週金曜日に実家に帰っていたが、実家の母が亡くなり、父親が再婚してからは、月に1回帰る程度となった。その後の生活の中の楽しみは、金曜日にバザールへ行くこと。バザールに行けば、友達とも会えるし、衣類や野菜なども安く買える。ウイグルの伝統的な化粧法であるヘナ[11]も時どき娘達の残りを使わせてもらっている。畑作業で手が荒れるので、手の保護にもいいと言う。

　またトルゥン・アイさんは、生活のたのしみを「クルバン祭、ローズ祭[12]」「家族みんなで集まって食事をすること」「金曜日や休みの日に実家の母親に会いにいくこと」と話してくれた。実家は歩いて30分ほどの所にあり、二男がバ

20　ロクチュン鎮のバザール（トルファン、2005）

21　バザールで買い物をする妻を待つ父子（トルファン、2005）

22　バザールで買い物をする母親を待つ子と叔母（トルファン、2005）

イクに乗せてくれ約5分で行ける。金曜日に限らず時間ができれば、週3〜4回実家を訪問する。実家に帰った時には、昼食作り、掃除、洗濯などを手伝い、あとは大方おしゃべりを楽しむ。

　アナルグルさん宅のケースでも、夫の姉（長女）は結婚後も近くに住み、毎日のように母親を訪れる。このように結婚後も近くに住む娘が実家をよく訪問する。世帯形成の原理は、男系優先であるが（後述）、生活の中には母親と娘のネットワークがしっかり見られる。これはイーニン市でも共通してみられ[13]、ウイグルの親族関係の1つの大きな特徴である。

Ⅲ 家族と世帯形成

1. 家族の形態と構成

　アナルグルさんの世帯は、アナルグルさん夫妻（妻41歳、夫42歳）と長女、夫の母親との4人の直系三世代家族である。アナルグルさんの夫には姉妹が3人いる。アナルグルさん夫婦は、妻18歳、夫19歳の時に見合い結婚した。親同士のすすめるいとこ婚であった。新疆では、1990年以降は恋愛結婚が多くなったが、それまでは見合い結婚が一般的で、現在40歳以上の世代ではいとこ婚が多く、通婚圏が狭い。アナルグルさん夫妻には3人の子どもがいる。長男は高校卒業後、仕事をしている（別居）、次男はウルムチ市内の大学に行っていて、日本へ留学する希望を持っている。同居しているのは高校3年生の娘のみである。本人は将来医者になることを希望しているし、親も強く望んでいる。長女は、祖母（父親の母）の爪切り、髪梳かし、スカーフ巻きなど日常的な世話をよ

第 1 章
トルファンにおける女性の生活

23　孫を抱く祖母（トルファン、1999）

くしてくれる。このような孫と祖父母世代の親密な関係も新疆の特徴であるという。

　ユルトゥーズさんの世帯は、ユルトゥーズさん夫婦（妻51歳、夫53歳）と未婚の子ども3人の5人家族のいわゆる核家族である。ユルトゥーズさん夫婦は妻17歳、夫19歳の時に見合い結婚をした。ユルトゥーズさんは、いわゆる「赤脚医生」（クルップトロン）となり村の医療に携わってきたが、2003年（2年前）に村の診療所勤務を終えて、自宅で保健婦的な仕事を行っている（後述）。夫は鎮のラジオ局に勤務。子どもは4人であり、長男（子ども2人）と次男（子ども1人）は既婚で既に独立している。現在は未婚の長女と三男、四男が同居している。長男夫婦は共働きで、子どもは幼稚園に預けている。

　ハワグルさん（53歳）は夫が5年前（2000年）に死亡し、現在養子2人と共に暮らす核家族である。2年前（2003年）まで居民委員会で働いていたが、退職した（後述）。敷地内の別棟を賃貸しており家賃収入がある。

　トルゥン・アイさんの世帯は、夫婦（妻41歳、夫44歳）、長男夫婦（妻19歳、夫21歳）とその子ども（7ヶ月）、

24　民家の台所（トルファン、2005）

25　客を迎える民家の高齢女性（トルファン、2005）

未婚の次男、長女と夫の父親（80歳）の8人からなる直系四世代家族である。トルゥン・アイさん夫婦は、妻17歳、夫20歳で見合い結婚をした。子どもは3人で、現在長男家族と、未婚の次男、長女（高校2年生）と同居している。長女自身は銀行に勤めたいと思っているが、母親は医者になることを希望している。トルゥン・アイさんは次男と一緒に主に葡萄栽培をしているほか、綿花とコーリャンも栽培している。長男夫婦は恋愛結婚であり、長男の妻は毎日のように自分の実家に帰っているということであった。

　アイグルさん（44歳）は、3年前（2002年）に夫が死亡し、現在は子ども4人と同居している（核家族）。長男（24歳）は中学卒業後から両親と一緒に葡萄栽培をしてきた。次男（22歳）は高校卒業後、経済的理由で進学を断念し、一緒に葡萄栽培を手伝っている。長女（18歳）は高校を卒業し、現在裁縫関係の仕事を探している。次女（16歳）は高校生である。成績もよいのでアイグルさんは医者になることを希望している。

　アイシャムグルさんの世帯は、アイシャムグルさん夫婦（妻56歳、夫59歳）と長男の子ども2人の4人家族である。直系家族の一種であるが、真ん中の世代（長男夫婦）が抜けているので、隔代家族とも呼ばれる。アイシャムグルさん夫婦は、妻19歳、夫21歳の時に見合い結婚をした。子どもは6人。長女（34歳）、長男（32歳）、二男（31歳）、二女（27歳）は既婚で別居している。三女（24歳）は大卒で求職中、四女（19歳）は大学生で下宿している。長男は同じ鎮の街中で食堂を経営し、調理の仕事をしており大変忙しいので、長男の子ども二人を引き取って面倒をみている。

　アイシャムグルさん夫婦は結婚後は、夫の母親、夫の兄夫婦と同居した。兄夫婦が独立した後も夫の母親と一緒に住んでいたが、夫の母親の死亡を機会に現在の住ま

いに引っ越してきた。仕事は6人の子持ちでありながら、大隊（地方行政組織）[14]の幹部となり主に計画生育制度の普及に力を注いできた（後述）。

2. 男末子同居システム

　この地域では末子相続が一般的であった。まず長男が結婚すると夫の親と同居する。この間に夫の妻は夫の母から料理の仕方、客人のもてなし方、子どもの育て方などを学ぶ。大方は子どもが生まれある程度成長した段階、もしくは次男の結婚を機に独立する。次男、三男と同様のパターンを繰り返し、最終的に末の息子が親と同居する。

　ユルトゥーズさんに将来誰と同居したいかを尋ねてみると、「一番親孝行な息子と」と言ってから、「一番末の子（四男）と」と答えた。既婚の長男と次男には既に土地と家を買って与えたし、未婚の三男にも将来住む土地を確保したという。この男末子同居について、ユルトゥーズさんは、「この地域では一般的に末の男の子と同居する。息子がいなければ娘と同居することもある」と説明してくれた。

　アイグルさんの将来の生活を尋ねたところ、「長男が結婚したら2、3年は一緒に住んで、それから独立し家を離れるから、次男が結婚したら次男と一緒に住みたい」と話してくれた。ちょうど訪ねてきた次男にも尋ねてみると、「（兄ではなく）自分が母親と一緒に住みたい」と、はにかみながら答えてくれた。ユルトゥーズさんは息子の理想の結婚相手について、「おとなしくて、働き者で道徳のある人、息子より年下の女性がいい」「もし仕事をもっていなければ、一緒に葡萄畑の仕事をして欲しい」と語ってくれた。孫の世話も大きな楽しみである。

　ユルトゥーズさん、アイグルさんのように、男末子同居システムの規範を維持している者もいれば、そうでな

い者もいる。アイシャムグルさんは、長男と一緒に住みたいと答えた。現在、長男の子どもを預かって世話していることもあるし、長男の収入のお陰で、娘を大学に通わせることもできたと、長男に対して感謝の気持ちを抱いている。

また現在長男夫婦と同居しているトルゥン・アイさんは、もし次男が結婚しても、物理的に可能であれば次男夫婦とも一緒に住みたいと話してくれた。

2002年にイーニン市でおこなった調査でも、訪問した5家庭のうちの3家庭の女性は、男末子との同居を望むと話してくれたが、残りの女性は「一番優しくしてくれる嫁と」と答えた。ウイグル族の男末子同居システムは、まだ維持されつつも徐々に変容してきていることがわかる。ただし、40歳代以上のすべての人は、いずれかの子ども（息子がいれば息子）との同居を望んでいる。「息子ではなくて娘と同居したい」「老後は子どもの世話になりたくないので、夫婦二人で」と言うせりふはまだ誰からも聞いていない。

3. 衰退する養子慣行

ハワグルさん夫婦には子どもがいなかったので、ハワグルさんの末の妹と姉の子ども（18歳）を養子にした。さらには末の妹が出産時に死亡したため、その子どもを引き取って三女（10歳、小学4年生）として育てている。

子どもの生まれない夫婦が、親族を養子にする慣習は1980年くらいまでは新疆の特に農村部ではよくみられたということを、あるウイグル人女性から聞いた。そのケースでは、子ども4人のうちの2人が、子ども（娘）が一人しかいなかった祖父母の養子になった。このケースの場合、自分の母親ときょうだいとして育てられたということになる。ウイグル人の氏名は、自分のファースト

ネームと父親のファーストネームを並べる。現在4人きょうだいは文字どおりきょうだいとして認識されているが、ラストネームが祖父の名が2人、父親の名が2人となっている。

養子となった理由の一つは情緒的理由で、子どもが一人しかいなくて祖父母が寂しいからであったが、他にも経済的理由として、当時子どもに土地や葡萄のつるが分配されるという政策があったことがある。子どもが生まれないことは家庭経済上大きな問題であった。1990年代になると一人っ子政策のために戸籍が厳しく管理されるようになり、このような戸籍間移動は難しくなった。(16)

IV
結婚儀礼
伝統と変容

(1. 結婚までの儀礼)

現在の中年以上の世代では一般的であったいとこ婚も最近は減少してきている。地元の元幹部の女性の話では、「ここ10年くらいは恋愛結婚が当たり前になってきている」という。以前は大学生くらいの年齢の男女が、お祭りの時にグループでお互いの家を行き来したが、現在は中学生からそのようなつきあいが始まる。

例えば、アナルグルさんの姪（妹の子ども）が昨年（2005年）に職場恋愛で結婚をした。職場で知り合い、上司が二人の結婚を勧めてくれた。新婦22歳、新郎25歳である。彼女の親世代が20歳未満（17〜19歳頃）で結婚しているのと比較すると結婚年齢も高くなっている。(17)

この時の長女の結婚儀礼は以下のようである。

本人達から、親に結婚の意思が伝えられると、男側から妻側の家に仲人（アルチェ）を送り、「キチク・チャイ」

の取り決めをした。「キチク・チャイ」では、男性の両親、村の長老、他に男女一人ずつくらい（親戚の場合が多い）が贈り物（ダストハン）を持って女性の家を訪問した。このケースの場合のダストハンは、ナン４枚、羊肉半頭分、アーモンドなどの木の実、干し葡萄などであった。「ダストハン」はウイグル語で「知ること」という意味があるそうである。この訪問から、大方は数ヶ月後〜３年以内くらいに結婚する。「お金持ちは１年以内、そうでない場合は２、３年かかることもある」という。つまり妻の家に払う婚資の用意ができてようやく結婚できるということである。中には、一緒に住むための条件を整えるのに時間がかかることもあるそうだ。例えば日本では、別居結婚、週末結婚などというライフスタイルもあるが、トルファン地区ではまだ結婚後の同居はあたりまえのことである。

　これで結婚が本決まりになると、結婚間近、通常は１週間前に「チョン・チャイ」という最大のイベントがある。このケースの場合、男性の両親、親戚、男性の友人など総勢60名くらいが、女性の家を訪問した。最大の目的は婚資の受け渡しである。女性側も30〜40人の親族で客人等を迎えた。男性側から女性側への婚資は9000元であり、これはトルファン地区の平均収入の約２倍に当たる。他にダストハンとして、布（シプン・ドハワなど）[18]６枚、羊４頭、小麦粉や米、食用油、果物やお菓子等を受け取った（ナン、干し葡萄、氷砂糖や角砂糖などをお盆にのせる）。女性側からはお返しの品として、ナン４枚、羊肉1/4頭分、婚約した二人のための布（シプン・ドハワ）[19]などが贈られた。

　そして結婚式を迎えることになる。当日は男性が女性を家に迎えに来る。この家の場合は、新郎から新婦へ金のブレスレッドが贈られた。ウイグル族は金の装飾品を好み、人生の大切なライフイベントに贈ることが多い。

例えば新婦の母は娘に、金のネックレス、イヤリングを各1つずつ、指輪を3個贈った。

　婚資は、日本の結納金にあたるものであるが、「ウイグル人の伝統的な風習でないものが、1990年代以降に始まった」。一般的には、男性から女性に8000〜10,000元くらいが支払われ、女性側がこのお金で結婚生活に必要な物を準備する。1万元以上の高額な婚資を受け取った場合には、最低3つ以上の電化製品（冷蔵庫、洗濯機、テレビなど）を購入する必要があるとのことであった。

　婚資はムスリムの結婚契約には不可欠の要素であるのだが、新疆ではおそらくその文化が政治的、宗教的理由で一次衰退し、再度復活してきたのではないだろうか。[20]

2. 伝統的な結婚儀礼

　次にウイグル人のグリ・アルズグリ氏からの情報をもとに、ウイグルの伝統的な結婚儀礼を紹介しよう。[21]

　女性と男性が知り合って、つき合い、互いに結婚する決心がついたあと、自分たちの家族にそのことを話す。双方の家族がこの結婚を承諾すると、その後にまず男性側が女性側に仲人（アルチェ）を送る。仲人は両家の間に入り双方の要求の調整を行う役割を担う。仲人は女性側の同意を得た上で、「お茶」を届ける日程を決めて男性側に伝える。

　「お茶」を届ける儀礼には二種類あり、それが先に紹介した「キチク・チャイ（小さなお茶）」「チョン・チャイ（大きなお茶）」である。

　「キチク・チャイ」では、新郎の母親は、仲人と数名の女性と共に、新婦の家を訪ねる、その際に贈り物として、何着分かの布地を中心にした贈り物を届ける。新婦側が承諾すると、男性側の訪問者が一斉に席を立ち、自分の手を前に組んで敬意を示して感謝の意を伝える。そ

して「チョン・チャイ」の日を決定する。

　この儀式は、新婦側の家が「親戚になること」を決める儀式であり、もし女性側が親戚となることを受入れない場合、また親戚となるための条件が不十分である場合は、そのことを仲人に伝える。時には仲人が何度も女性側の家を訪問し交渉をすることも生じるという。

　「チョン・チャイ」は、結婚式の1週間前くらいに新婦側の家で執り行われる。新郎・新婦側双方をあわせて50～60人が参加する。この時男性側からの贈り物（ダストハン）が贈られる。新婦に衣類、新婦の両親と近親の親族には布地が贈られる。チョン・チャイの席で、サンドックが開けられ、サンドックを開ける係の女性（サンドック・アチュクチェ。普通は既婚者）が、スカーフや帽子など上半身上部に身につけるものから順に、最後には靴下、靴を披露し説明を加える。この席でキャンディなどのお菓子（チャチク）が客人にふるまわれる。

　さらには、何頭かの生きた家畜、米、ナン、氷砂糖や角砂糖、塩、茶なども贈られる。これらはチョン・チャイや結婚式（ニカーフ・トイ）のもてなし用に使われる。

　昔は羊・牛などの生きた家畜の首に赤い布をつけて引いて行ったが、冷蔵庫の普及により、食肉を贈ることも多くなってきているという（現在羊1頭は、約400～500元）。

　結婚式（ニカーフ・トイ）の朝、ニカーフ（クルアーンに書かれた神の言葉）が詠まれる。人々の前で、新郎と新婦の結婚の意思が確認される。ニカーフの後、新郎新婦は、塩が入った2切れのナンを食する。塩味のナンを食べることには、「どんな困難も2人で乗り切り、一生人生を共にする」という意思を固めるという意味が込められているそうである。

　先に聞いた最近の結婚の話も、ほとんど伝統的な儀式にのっとったものであり、地域や経済階層により内容や

26　結婚式に向かう花嫁と付き添い人［付添人は未婚であることが条件］（ハミ、2004）

27　結婚式で新郎からの贈り物を披露する（ハミ、2004）

28　新郎新婦のための装飾をほどこした車（トルファン、1999）

規模に違いはあるであろうが、結婚儀礼は現在にも受け継がれている。

V
女性たちの仕事

　今回の調査対象世帯では葡萄農家が多かったが、他にも医師（助産婦）や地域の行政関係の仕事に携わっていた人もいた。

1. 医師（クルップトロン）、助産婦

　ユルトゥーズさんは、小学校5年生までしか教育を受けることができず、その後独学をして小学校教員になった。ある時村の教育委員会の幹部が来て、村に医者が一人もいないので医者になってみないかと勧められ、その後学校で講習を受けて医師の資格を与えられた。中国ではこれを、「赤脚医生」と呼んでいるが、ユルトゥーズさんは1976年に赤脚医生（クルップトロン）となり、その後村の診療所に勤務し、2003年に退職、現在は自宅で小さな診療所を開業している。

　1970年代後半から、村のお産から、病気の治療、さらには子どものピアスの穴あけなどを一手に担った。ユルトゥーズさんが若い頃、村に一人の産婆さんがいて、その人から助産の仕方を習った。当時は自宅分娩が一般的であったが、1979年頃から村に診療所が出来て、第一子は病院出産、第二子以降は自宅分娩が一般的になった。現在はこの村でも病院出産が一般的になり、約4、5年前（2000年頃）には、政府が出産介助費用を100元と決めた。それ以前はシブン・ドハワなどの高級な布、角砂糖、ナンなどを出産介助費用の代わりにもらった。村での出産は、計画生育制度が始まるとその数は約三分の一程度に減り、計画生育

29　元クルップトロンの女性（トルファン、2005）
30　自宅の診療所（トルファン、2005）

のための仕事が多くなった。

2．地元の行政職（公務員）

　中国の末端組織としては、農村部における郷政府と、都市部における街道弁事所があるが、その他に住民の自治組織として、農村部には村民委員会、都市部（都市と鎮）には居民委員会がある[23]。そこで働くいわゆる公務員は幹部と呼ばれている。

　アイシャムグルさんは、1965年頃（16、17歳の頃）から、村の行政組織（「大隊」）で青年部会の仕事をし、その後1987年頃から約15年間、村の行政（「小隊」）の女性部会の幹部として計画生育政策に携わり、2004年に56歳で退職した。村民委員会のメンバーとなったのは、当時の男性幹部から「これから計画生育の仕事が始まるのでその仕事をやってみないか」と説得されたからであった[24]。アイシャムグルさんは、自分が子ども6人を持ちながら働いていて大変だったので、計画生育の仕事は重要だと考え引き受けることにした。しかし、当時は子どもは大切な労働力であったので、村ではむしろ反対の声が大きかったという。主な仕事は、出産期の女性の人数調査、避妊のカウンセリングと指導、出産前後の女性の指導等であった。給料（月収）は1990年に60元であったが、2002年には約180元になった。

　ハワグルさんは、1990年頃より選挙で選ばれて地元の居民委員会に勤務していたが、2003年に退職した。主な仕事は生活保護関係であり、高齢者、病人、障害者、単身者、失業者、孤児などへ政府からの補助金を配分した。1990年当時は受給対象が7世帯であったものが、2003年には97世帯に増加したという。勤務時間は8〜11時、15時〜18時で、月給は400元であった。現在同額の年金をもらっている。それまではウイグル語を用いて書類を作

31　村民委員会の元幹部の女性
　　（トルファン、2005）

32　居民委員会の元幹部の女性
　　（トルファン、2005）

成していたが、2003年より中国語（漢語）で記入することが義務づけられ、中国語のできないハワグルさんはやむなく退職した。

VI
漢民族化と市場経済化の影響
脱ムスリムと民族アイデンティティのはざまで

　新疆ウイグル自治区に暮らすウイグル人の生活を垣間見て思うことは、ムスリムとしてのウイグル人と中国人の狭間にある矛盾と葛藤である。既に述べているが[25]、ウイグル人の中でも経済的・宗教的階層化が進行している。地域差もあるが、都会の富裕層での脱ムスリム、言葉を換えれば漢民族化が進行している。知人の高学歴のウイグル人女性の中には、母語であるウイグル語が読めても書くことのできない人もいる。ただし彼女のアイデンティティの中心はウイグル人という民族性である。新疆で中流以上の社会・経済的階層に参入するには、小学校から民族学校ではなく漢民族の学校で、中国語で教育を受けることが必須である。
　従来のイスラームとしてのウイグル人の文化は、現在南疆の、すなわち貧困な農村地帯でより維持されている。

しかしその地域にも西部大開発政策による市場経済化の影響は及んでおり、特に低学歴な貧困層に大きな打撃を与えている。このことはムスリムを脱するベクトルと同時に、ムスリムを堅持するベクトルの双方を生み出しているように思える。

　ウイグル人はどこまで漢民族化に抗い、どのように調和、共存していくのか。今後、市場経済化、近代化の波の中で、ウイグル人が自らの民族アイデンティティと文化をいかに再編していくのかを見守っていきたいと思う。

謝辞：立正大学大学院生のグリ・アルズグリさんからは、ウイグル人の生活や文化について多くの御教示をいただいた。この場を借りて厚くお礼を申し上げる。

注

(1) 劉宇生、張浜、劉暁慶編著『新疆概覧』新疆人民出版社　p.261（1995）
(2) 吐魯番地区統計局『吐魯番統計年鑑2005』中国統計出版社　p.31（2005）
(3) 吐魯番地区統計局　pp.31-32（2005）
(4) 劉宇生、張浜、劉暁慶編　pp.261-262（1995）
(5) 新疆維吾尓自治区統計局『新疆統計年鑑2005』中国統計出版社　p.105,pp.110-115（2005）
(6) 吐魯番地区統計局　p.4（2005）
(7) ピチャン県は、5鎮、5郷、1地区から成っている。ピチャン県のウイグル族の人口割合（2004年）は65.4％で、トルファン市70.5％、トクスン県76.8％よりも若干少なくなっている。逆に漢民族の割合は、29.4％であり、トルファン市（21.5％）、トクスン県（16.0％）に比べて多い（吐魯番地区統計局　p.33,36（2005））。
(8) 久保博子「冬期の住生活と都市部の現代住宅」、岩崎雅美編『中国・シルクロードの女性と生活』東方出版　p.121（2004）

⑼　「義務の礼拝（サラート）」、塩尻和子・池田美佐子『イスラームの生活を知る事典』東京堂出版　p.60（2004）

⑽　グリ・アルズグリ「信仰の基盤と宗教儀礼」〈未発表〉

⑾　村田仁代「北疆における服飾」、岩崎雅美編『中国・シルクロードの女性と生活』東方出版　p.68（2004）

⑿　ウイグルには３つの伝統的な祭りがある。クルバン祭（犠牲祭）は、紀元前12世紀頃、予言者ムハマンドが自分の忠誠心を神に見せるために息子を生け贄に捧げようとしたことに基づく。クルバン祭の朝、７歳までの男の子はモスクに集まりクルバンナマズ（礼拝）をし、その後羊を殺して神に捧げる。ローザ祭は、ラマザン開けの祭り。イスラム歴９月（ラマザン）に30日間断食をし、断食があけた３日間を祝うもの（グリ・アルズグリ「ウイグル人たちのお祭り」(2004年10月)〈未発表〉）。

⒀　宮坂靖子「ウイグル族の家族と生活」、岩崎雅美編『中国・シルクロードの女性と生活』東方出版　pp.12-14（2004）

⒁　1987年に村民委員会が作られ、かつての大隊が村となった。また、幹部とはホワイトカラーの行政職員のこと（㈶自治体国際化協会『中国の地方行財政制度』(CLAIR REPORT No.209（2000））。

⒂　宮坂靖子「ウイグル族の家族と生活」、岩崎雅美編『中国・シルクロードの女性と生活』東方出版　10-12頁（2004）

⒃　新疆の計画出産政策は、1988年「新疆ウイグル自治区少数民族計画出産暫時施行規定」と1992年「新疆ウイグル自治区計画出産弁法」によって完成された（ライラ・ママティ『中国・新疆ウイグル自治区における既婚出産適齢女子のリプロダクティヴ・ヘルス状況についての研究』東京農工大学国際環境学専攻修士論文　pp.22-23（2005））。

⒄　1992年「新疆ウイグル自治区計画出産弁法」では、子ども数については「都市の漢民族は１子、少数民族は２子、農村の漢民族は２子、少数民族は３子」と、また結婚年齢については、少数民族は漢民族より２歳引き下げて、男20歳、女18歳と定められた。

⑱ トルファン地区の世帯1人あたりの平均年収は5546元、トルファン市で5389元（新疆維吾尔自治区統計局『新疆統計年鑑2005』中国統計出版社　p.288（2005））。

⑲ 村田仁代「北疆における服飾」、岩崎雅美編『中国・シルクロードの女性と生活』東方出版　p.76（2004）

⑳「婚姻」、塩尻和子・池田美佐子『イスラームの生活を知る事典』東京堂出版　pp.164-166（2004）

㉑ グリ・アルズグリ「ウイグル人のお祝い事」（2004）〈未発表〉

㉒ 中国の無医村において医師の資格を与えた非正式な医者のこと。赤脚医生には、代々医師の家から選ばれる方法と、高卒者で医療の関心のあるものを選び集中的に県の衛生学校で1年半勉強した者に医師の資格を与えるものの二種類がある。1965年6月に都市と農村の医療格差是正のために考案され、文化大革命期（1966〜1977年頃）に大量に生み出された（林芝「赤脚医生」http://www.people.com.cn/GB/paper81/10994/997005.html）。

㉓ 夏建中（鈴木未来訳）「現代中国の都市におけるコミュニティー管理組織の歴史、構造および機能」、『立命館産業社会論集』37-2　pp.175-190（2001）、高坂健次「中国における『居民委員会』の現状と課題」、『社会学部紀要』91　pp.35-48（2002）

㉔ 注（16）（17）参照。

㉕ 宮坂靖子「ウイグル族の家族と生活」、岩崎雅美編『中国・シルクロードの女性と生活』東方出版　pp.7-24（2004）、宮坂靖子「中国・新疆ウイグル地区における教育と育児」、『家政学研究』51-2　pp.65-71（2005）

第 2 章

変わるウイグル社会と女性の生活変動

服部範子
Hattori Noriko

はじめに

　新疆ウイグル自治区は中国であって中国ではないような地域である。すなわち、中国の一部としてみれば東アジアに含まれるが、歴史的にはシルクロード圏として宗教・文化的にはイスラム文化圏に含まれ、ウズベキスタン、タジキスタンなどの国々と共に「中央アジア」に位置づけて考えられる[1][①]。

　この地域は1949年に中国に含まれ、中国の一区である新疆ウイグル自治区として現在に至っている。

　さて、20世紀中葉から今日に至るまでの半世紀は、中国全体の約90％を占める漢族にとっても、まさに激動期であったといえよう。特に文化大革命の時期には、ウイグル族の人々の中にも、大邸宅に住んでいた大地主の男性が農家の馬小屋で生活していた話〔写真1〕や、小学校卒の女性が医者になり働いてきた事例などを現地で聴いたが、このように人々の生活が一生のうちに激変したような事例は、中国の人々の間では民族を問わず身近にありふれた経験なのかも知れない。

　新疆ウイグル自治区の「少数民族」の場合には、中国の一部に含まれるようになった後、それにさらに輪をかけたような激動の荒波を乗り越えてきたといえるだろう。

01　元大地主の男性（ホータン、2005）

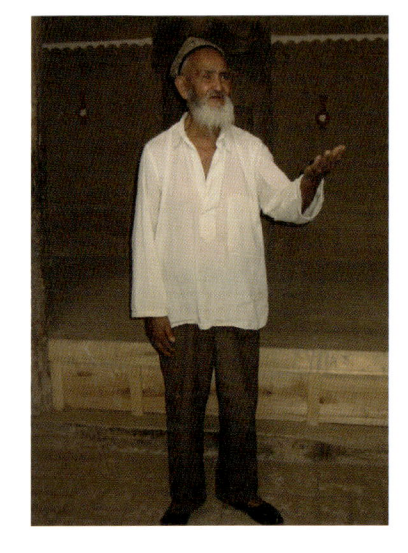

第 2 章
変わるウイグル社会と女性の生活変動

すなわち、人口的にみると、新疆ウイグル自治区において、1949年にはウイグル族は75.94％を占め、漢族は6.71％に過ぎなかった。ところが、以後、漢族は都市部や北新疆を中心に増え続け、2000年には38.00％となり、ウイグル族は44.70％と半数を割ってしまった。ウルムチ市において2002年には、漢族が73.49％に対して、ウイグル族は12.74％に過ぎないという状況になっている。[2]

また、ウイグル族の人々は伝統的にイスラム教を信じ、日常的な生活様式、価値観などが、漢族の人々とは大いに異なっている。しかし、中国の国民となった彼らは、自分たちとはかなり異質な漢族の文化・生活様式を受容しつつ、独自の民族としてのプライドを維持しようと葛藤を続けている。

私たちは2000年からほぼ毎年、新疆を訪れてきたが、高層ビルの建築ラッシュ、道路工事などにより、行く毎に街の景観が変わっているのには驚かされた〔写真2、3〕。また、彼らの日常生活は、特に都市部においては漢族のような生活へと急激に変わりつつあるが、農村部においても、伝統的な人々の生活は徐々に薄れつつあるように思われた〔写真4〕。

さて、私は新疆ウイグル自治区の調査に関わるようになった2001年に、新疆西南端のカシュガルと距離的にはすぐ近くに位置する隣国パキスタンの北方地域（ノーザンエリア）に出かけてみた。パキスタン北部の山岳地帯では、人々の生活ぶり、とりわけ女性の日常

02　ウルムチ・トルファン間の高速道路沿いに設置された風力発電機（トルファン、2005）

03　新疆医科大学第一附属医院（ウルムチ、2005）

生活が、イスラム教の宗派によってかなり相違するとはいうものの、中国・新疆と比較し余りの違いに驚かされた。すなわち、女性は家庭内外で過ごし、人前に出ないようし、外出する際にはベールやブルカなどで顔や姿を隠すなどの特徴が見られた。このような女性への社会的な慣習は、「パルダ（purdah）」と呼ばれ、現代もイスラム教圏において、地域的、文化的な多様性はみられるが、基本的には共通する特徴である。新疆ウイグル自治区においても、中国に含まれる以前には同様な生活状況にあったのではなかろうか。

04　農村部のポプラ並木（ホータン、2005）

　中国の20世紀後半からの政治・政策、社会経済的な変動はウイグル社会にも大きな影響を及ぼし、ウイグル社会を変えてきた。そして、このような社会変動は、イスラム教を信じるウイグル人のうちでも、男性よりも女性の生活を大きく変えてきたと考えられる。本章では、急激に変化しつつあるウイグル社会において、女性たちが体験してきた生活変動に着目して考察する。

I 中国・新疆におけるウイグル社会の変動

（1. 中国の政策概観）

　中国の国家政策について、まずは概観しておく。
　中国では1950年代に婚姻法の制定ほか、男女平等政策が実施された。この時期からウイグル自治区においても小学校・中学校などがつくられ始めている。そして、改革開放以後の1980年代は、中国全体が大変動期であった。

すなわち、1980年に婚姻法が全面的に改正された。また、一人っ子政策や義務教育制度が制定・実施される。新疆ウイグル自治区では、どちらも1980年代にはあまり普及・浸透しなかったが、1990年代以後、計画出産や義務教育制度も普及しつつある。

中国では1980年代後半から1990年代以降に、女性や少数民族に対する優遇措置が急激に推進されるようになった。1992年には婦女権益保障法（女性権利利益保障法）が制定・施行され、1995年には北京で国連の第4回世界女性会議が開催された。また、1990年代からは残疾人保障法（障害者保障法）、未成年人保護法（未成年者保護法）、老年人権益保障法（高齢者権利利益保障法）など、福祉・生活に関する法制度が急激に整備されつつある。

現在、人口・面積ともに巨大な中国において、人々の生活状況に著しく貧富の差や地域間格差などのあることが問題視されるようになっている。

2．調査地・調査対象について

新疆ウイグル自治区は日本の何倍も面積がある実に広大な地域である。さまざまな「少数民族」が共存し、そして、各地域は各々の古くて長い歴史を持っているゆえに、多様な独特の伝統文化・生活様式を有している。ウイグル人に限定してみても、たとえば、地域的にロシアに近いイーニンでは政治経済的のみでなく、文化的にもロシアと密接な関係を持っている。パキスタンと隣接するカシュガルではパキスタンとの関係が深いというように、地域毎に人々の生活・文化は大いに相違している。

南新疆はウイグル族が人口の約90％を占めており、新疆でも交通が不便で「陸の孤島」のような地域である。そして、伝統的な農業や民族経済で生計を営む人々が多く、伝統的なウイグルの生活が残っている地域である。

しかし、そこでも人々の生活は急激に漢化されつつあることは、すでに検討した。

さて、私たちが民家訪問し生活調査をさせて頂いたのは、地域内では経済的に恵まれている農家や商家や〔写真5、6〕、大学教員・医者、公務員などが多かった〔写真7、8〕。私たちが話を伺った女性たちは、「57民族」（中国全体では56民族いる）とか「14民族」（新疆ウイグル自治区には13民族いる）と呼ばれ、漢民族のように髪を短くしているとか、お祈りをしないなど、多かれ少なかれ「ウイグル離れ」をしていた。現地のウイグル・コミュニティにおいては、中国・漢民族社会の影響を先取りしてきたともいえる家庭・女性であった。

私たちは中国・国家政策の一環としての優遇措置によ

05 ある家族（カシュガル、2001）

06 訪問先の女性たち（カシュガル、2001）

07 夫婦とも大学教師（カシュガル、2003）

08 夫婦とも医者（ウルムチ、2005）

り、女性幹部などに登用された一部の限られた女性たちに接触していたに過ぎないのかも知れない。しかし、彼女たちは3世代同居（稀には4世代同居もある）で生活している場合が多く、親世代も同居している場合には、伝統的な生活を見聞する機会もあった。また、訪問した際には、子どもたちの家族なども含めて大勢で迎えてくれることが多く、子ども世代の新しい動きも知ることができた。伝統的なムスリム（イスラム教を信じる人々）の生活を守っている高齢者が、自分とは全く相違した生き方、考え方をする孫世代に対して理解を示す器の大きさや適応能力には本当に驚かされた。

3．ウイグル族の伝統的な日常生活

　ムスリムの日常生活の特徴としては、一日5回お祈りをすることや、金曜日は休日であることなどがあげられる。新疆ウイグル自治区では、私たちが尋ねたすべての人が、老若男女を問わず、人々が宗教をどの程度信じるか、お祈りやラマダンをするか否かなどは、個々人の問題であり個人の自由だと答える。家族内でもムスリムとしての生活は家族員によって相違し、上の世代の人が下の世代に宗教を強要することはないようである。女性がベールをかぶるか否かも、ベールの色やかぶり方にローカル色や宗派があるように見えるが、これもどのようにするかについては、現代では個人の自由であると考えられている。

　しかし、農村部にはさらなるムスリムを目指して、日々、暮している人々が多い〔写真9〕。イスラム教を信仰する人々は、勤勉に働いてお金を蓄え、それ相応の年齢になると、イスラム教の聖地メッカに行って「アジ（haji）」になりたいという願いを持つ人が多い。「アジさん」は偉い尊敬すべき人として周囲から丁重に扱われるし、本人もさらに理想的なムスリムの日常生活を送ろ

09　左・アジの夫婦・食堂にて
　　（ホータン、2005）

10　勤勉に働く親孝行な男性
　　（ホータン、2005）

うとする。62歳の時、メッカに行きアジさんになったトルファンの80歳男性は語ってくれた。アジになる前は1日5回の礼拝ができなかったが、以後18年になるが、毎日5回お祈りしていると。「アジさん」になりたいと願う親を、メッカに連れて行くため、日々、勤勉に働いている息子もいる〔写真10〕。あるいは、トルファンの葡萄農家に夏の忙しい時期に訪問したが、農家の女性は忙しい生活ぶりを、「冬は一日5回お祈りしているが、今は一日1回しかお祈りできないことがある」と語っていた。

　農村部ではこのように伝統的な生活が続いているが、都市部であるほど、また、若い世代であるほど、朝だけお祈りするとか、お祈りを全くしないという人もいる。カシュガルで2003年に日中共同で実施したインタビュー調査では、20人のうち5人は全くお祈りしないと回答し、そのうちの一人はイスラム教を信じていないのでお祈りしないとさえ書いていた。

　ウイグル族の人々にとって、この半世紀はドラスティックな生活の変化や価値観の変更を強制されるプロセスであり、人々がこのような社会変動にいかに適応してきたかにより、人々の生活や価値観は多様化している。

　以下では、短い平均寿命や多産多死、早婚などの人口学的特徴や、女性の結婚・家族における生活変動について、若干の検討を試みる。

Ⅱ 人口学的な特徴と親子関係

1. ウイグル族の人口学的な特徴

　新疆ウイグル自治区における人々の平均寿命は、若林氏によれば、2000年に男性65.98歳、女性は69.14歳で、女性は男性よりも少し長生きである。同年における中国全体の平均寿命は男性69.63歳、女性73.33歳であるから、新疆は中国全体よりも男女ともに寿命が短いことになる。
　南新疆のホータン県トサラ郷ジュック村は、ホータン市近郊にあるが、俗に「長寿村」と呼ばれ、100歳以上のお年寄りが比較的多い地域として有名である。この地では80歳を過ぎると「長老」と呼ばれ、農地にはあまり行かず農業をしなくなる。しかし、長寿はおめでたいこととされ、お年寄りは周囲の人々には尊敬されている。
　さて、この村の長寿者には男性が多く、女性の長寿者は70〜80歳ぐらいで、90歳や100歳まで生きた女性もいるが、概して男性の方が長生きであるという。
　新疆ウイグル自治区における年齢別性比についてみると（『新疆統計年鑑　2000』）、1999年に全体では男性51.05％、女性48.95％で、男性の方が多い。これを高齢者層に着目してみると、60歳以上の5歳間隔で90歳以上までのいずれの年齢層においても、性比は男性が130前後（女性100）で、男性の方が多い。これは日本とは全く異なる結果である。高齢者層に男性が多い背景には、女性がお産の際に亡くなることが多かったことや、農家の女性の生活は朝から晩まで重労働で大変であったことのほか、女性の社会的地位が低かったことも一因であろうと思われる。
　いわゆる中年層では女性の割合の方が多い年齢層もあ

るが、若年層では、年齢が低いほど男性の方が多く、0〜4歳では男性　114.72（女性100）となっている。これも生物学的、自然的に考えれば奇妙なことである。この背景には、中国全体に見られるような、一人っ子政策の下で男児を選好する影響が、この地域でも現われた結果であろうと思われる。ある病院の医師によると、子どもの性別は、生まれた後でなければ教えることは「禁じられている」。

2．伝統的なウイグルの社会関係

　この地域では、最近まで多産多死、寿命が短いなどの人口学的な特徴が続いていたゆえに、人の命がはかなかった時代・社会における人々の生活の知恵や社会慣習が残存している。

　あるトルファンの70歳女性は、17歳で結婚し、9人子どもがいると言った後で、今4人子どもがいるが、5人は流産したと話していた。そのほかにも中高年の女性たちから多産多死の話をよく聴いた。子どもが幼い頃に死亡した話はありふれているが、大人の命もつい最近まではかないものであった。人はいつ死ぬかわからないし、寿命も短かったのである。子どもの頃、親が死亡した話や、大人になって結婚後、配偶者を亡くした話もよく耳にした。特に出産の際、母親が亡くなった話が多い。親の死は、子どものその後の人生に大きな影響を与えている。たとえば、トルファンで6歳の頃、母親（25歳）が出産時に亡くなったという女性の場合、その時、生まれた男児は他家に養子に出された。自分たちは祖父母に育てられたが（「おばあちゃんに育てられた」という）、学校は小学2年生で中退したという〔写真11〕。父親が亡くなったため、進学をあきらめ就職したという話はよく聴いた。カシュガルでは両親を幼い頃に亡くし、姉を親代

わりにして育った女性もいる。

カシュガル調査では、ある40歳代の女性が、幼い頃、両親が亡くなったため、現在の夫と15歳で再婚し（その時、夫は35歳で3回目の結婚であった）、不満足な結婚を続けていると語っている。

このような社会環境・条件も一因でか、ウイグル社会では養子縁組などの継親子関係などの社会的な仕組みが残存している。祖父母世代の人々が、自分たちに子どもがいる場合も、自分の子どもやきょうだいの子どもを養子縁組している。ホータンでは6人子どもがいるが、長女30歳の男児10歳を養子にし、7人目の子どもにしている家庭があった。孫やきょうだいの子どもを養子にしたり、血縁は全くない子どもを病院やよその家からもらって養子にしていることもある〔写真12、13〕。

子育てについても、母親に子育て責任があるといった考え方は希薄で、実親子関係に限定して考えず、地縁・血縁による多様な子育てがなされている。親の仕事などの生活状況により、祖父母の家に子どもが預けられて育てられている例がトルファンでは多い。子どもが就学などの事情で都市部の親戚に預けられていることもある。

ウイグル社会では離婚・再婚、再々婚が多い。夫婦の

11　農家の女性（トルファン、2005）

12　継親子の家族（トルファン、2005）

13　祖父と孫の世帯（ホータン、2005）

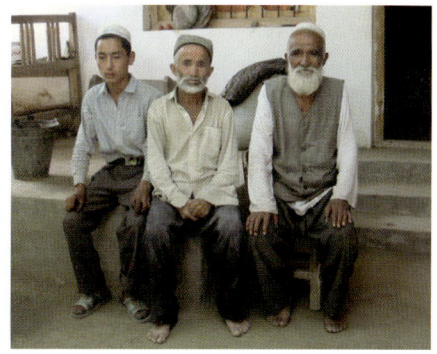

14　長寿の男性と再婚した妻
　　（ホータン、2005）

　年齢差が親子以上に離れているカップルにもよく出会った。地域的な特徴もあるようだが、ホータン県トサラ郷ジュック村「長寿村」の辺りでは、いくつになっても配偶者を亡くすと再婚をし、一生涯ペアでいるのが良いと考えられている。珍しい事例なので紹介しておく。民家訪問したのは2005年8月である。
　この94歳男性は、夫婦とも14歳の時、結婚したが、先妻は2年前、92歳で亡くなった。3ヶ月前に娘の紹介で再婚したばかりであったが、後妻は60歳で、2人世帯であった〔写真14〕。先妻との間には、現在、76歳になる長女から48歳になる次男まで、6人子どもがいる。長男と次男の家族は同一敷地内の家壁を隔てた別の家屋に住んでおり、日常生活では頻繁に交流があるようだが、一応、別世帯である。各子どもには3～4人の子どもがいるので、孫は45人、孫に曾孫まで加えると計84人いるとのことである。
　後妻となった女性も再婚で、前夫は亡くなっているが、4人の子どもがおり、孫も7人いるという。再婚した後も、毎週金曜日には子どもたちの所に行くのが楽しみだと語る。このカップルは簡単な結婚式をし、娘たちが少しずつお金を出し女性に衣服などをプレゼントした。夫は何も妻にプレゼントしなかったという。
　新疆ウイグル自治区では、女性が高齢になると、息子の家族と同居し「おばあさん」として生活していることが多い。しかし、この地域の人々は長寿の秘訣の一つに、男女ともバランスよく性生活することをあげ、一人でいるのは良くないと考えている。

第 2 章
変わるウイグル社会と女性の生活変動　043

3. 親子関係―特に「ウイグルの母親」について―

　伝統的なウイグル人の生活は近隣・親族ネットワークが限りなく重なる閉鎖的社会で営まれる。トルファンで40歳過ぎの何人かの女性にインタビューしたが、一様に17歳で親の決めた従兄弟と結婚し、子どもは3人であった。そして、実家の近くで結婚しており、結婚後も毎日のように実家と行き来していた。女性たちは近親縁者の緊密な女縁ネットワークの中で、日常的に互いに助け合って生活している。

　新疆では少数民族のうちでもウイグル族は家族のつながりを最も大切にする民族だと言われている。ウイグル男性と母親との結びつきが格別なものであることは、男性自身の口からこれまでにも聞かされてきた。それ以上に、女性と母親との結びつきは強いものがある。トルファンでは女性の口からあまりにも度々、「おかあさん」を聞いた。母親と子ども、特に娘とは、一生涯、太いパイプでつながっている〔写真15〕。

　ある60歳代の女性が、ウイグルの女性は子どもがいくつになっても子どものことを心配し、一生涯、子どものために生きているような人生だと語っていた。一方、子どもの側も男女ともに何気ない話の中にも「お母さん」がよく出てきて、親のことが人生の中心テーマになっている。ウイグル社会では親にとって子どもが、子どもにとっても親のことがすべてといってよいほど一生涯、日常生活において優先して考えられている。

　伝統的には男は結婚後、親と同居するか近居してきた。娘は結婚して家を出ていくが、結婚

15　バザールで買い物をする母と娘（ホータン、2005）

先は実家の近くが望ましく、結婚後も毎日のように行き来するのが理想とされてきた。
　ウイグル社会では、女性は髪が長く美しく、眉毛が近く濃いのが、美女の重要な一条件である。女性は幼い頃から眉毛が美しくなるようにと、両眉毛にオスマをつなげてつけて育てられる。これには、子どもが幸せになるようにという祈りの意味のほか、娘がいつまでも近くにいてくれるようにという親の願いも込められているという。子どもの頃オスマをきちんとつけないでいると、子どもが親から離れたところに行ってしまうと考えられているのである。
　実際、結婚後も実家の家事をし親の世話ができるのを結婚の条件にし、近所で結婚した女性もいる。ある父親は結婚した娘が頻繁に帰ってくるので、娘を持つのは良いことだと年を取ってから思うようになったと話していた。20歳前後の女性でもオスマをつけているのを見かけることがある〔写真16〕。女性たちの多くも親の近くにいるのが幸せであると考えているのである。
　金曜日はイスラム教では「おかあさんのところに行く日」、そして、「バザールがある日」だと、女性たちから度々、聞いた。バザールは商品が安く販売されているほか、老若男女を問わず、いろんな人に会うことができるし、とても楽しいという〔写真17、18〕。
　出産もよほどのことがなければ「お母さんのところ」で、里帰り出産をする。一人めの子どもの出産前後には両親族間でさまざまなお祝いの儀礼が続く。産前には母親たちが娘を引き取りに来て、赤ん坊が生まれて1ヶ月半から3ヶ月位まで、母子は実家に滞在する。
　女性の一生は少し前まで、どこ

16　眉にオスマをした若い女性
（アトシュ、2003）

第 2 章
変わるウイグル社会と女性の生活変動

の社会においても、生まれて成長し大人になれば結婚し、そして、次々に子どもを産んで育てる生活が続き、「出産・子育て」がまさにメインテーマであった。ウイグルの女性たちには、それにさらに子どもたちが結婚し、妊娠すると娘は里帰りして出産するため、孫育ても続くのである。

しかし、近年では次第に結婚圏も拡大する傾向にある。また、日常生活も忙しくなってきて、実家訪問に要する時間や費用が負担と感じる人も生じている。結婚年数を重ねるうちに、次第に実家に帰る間隔があき、帰る回数が減少する傾向も見受けられる。また、長男、次男であっても遠方の都市部で就職や結婚をしたり、近くで結婚しても、親とは別居する若い夫婦も生まれ、都市部では核家族化の傾向も生じている。

17 バザールで民族音楽を聴く子どもたち（ホータン、2005）

18 バザールの床屋（カシュガル、2003）

III
男女の関係性・結婚について[8]

(1. 道徳的な女性とは)

伝統的なウイグル女性の結婚や家庭生活については、一夫多妻制が存在し、女性は結婚相手を選べず、早婚で

多産、そして、家庭における女性の地位が低いことなどが指摘されている[9]。

　現在、中国における少数民族の結婚年齢は、女性は18歳以上、男性は20歳以上と定められており、規定の年齢以下での結婚は無効とされている。私たちは10歳代前半で結婚したという中高年の女性たちに初めて会った際には驚いたが、伝統的なウイグル社会では、女性は10歳代前半で一人前とみなされ、早い年齢で親たちの決めた結婚をしてきた。

　そのため、女子は幼い頃から朝起床するときちんと服を着て靴下をはき、内外を掃除し外には水を撒いておくなど、厳しくしつけられてきた。結婚に際して母親は娘に早めに起きることや、お祈りをすること、庭などの掃除をすること、義理の親とうまくやることなどを教えてきた。一方、息子の母親が嫁に望む花嫁像は、年下でおとなしく働き者で、頭が良く道徳心のある女性である。最近では、女性が仕事を持っていれば、結婚後も働き続けるのは当り前と考えられており、姑はそのためには孫の世話を手伝うつもりでいる。

　さて、ウイグル社会において、女性には処女性、貞節など「道徳的な女性」であることが、全年齢を通じて過度に重視されているように感じられた。

　現在も女性は結婚には処女性が重視され、処女でなければ結婚はうまくいかず、早晩、離婚になることが多いと、都市部の女性たちも考えているようだ。

　トルファンのある40歳代女性によると、14〜20歳の女性は変わりやすい存在であると考えられ、よその家にグループで行くのさえ、昔は20歳前後の年齢からであった。しかし、最近では中学生ぐらいからお互いの家にグループで遊びに行くなどするようになっているという。また、最近では恋愛結婚が増加しつつある。トルファンでも、昔は親が恋愛結婚に反対したが、恋愛結婚の方がうま

いくことが多いと親も理解するようになり、1990年代からは、恋愛結婚が多くなってきていると話していた。また、婚約後、地域によっては交際期間が短く、あまり付き合わないですぐに結婚するが、トルファンでは婚約した後、一年ぐらいの交際期間を経て結婚するケースが多い。両方の親が知り合った後、結婚を前提にした交際であると認められ、若者たちは自由に付き合えるようになってきているという。職場結婚や友人に紹介された恋愛結婚も生まれてきている。

2. 婚姻儀礼・既婚女性の生活

　結婚に際して、婚礼や新生活の準備にかかる費用の大半は、男性側が準備するのが伝統であった。カシュガル調査では親と別居し新生活をスタートする場合も、住居費用は男側が出し、女性側は布団などを新生活のため準備するに過ぎない〔写真19〕。しかし、最近では結婚及び、その後の生活は男女ともにつくるものだという考え方が生じ、女性側もお金を出して準備する傾向が生じている。

　トルファンの農村では、結婚申込みの際には、村の長老1～2人と男性側の父母が女性宅を訪問する。その際には羊肉、大きなナン、アーモンドなどを用意する。結納には男性側から女性側に伝統的には、布・羊・小麦粉・米・油・果物などを持っていく。1990年代からは、まとまった現金も持っていくようになってきた。そして、女性側も結婚時にＴＶ、冷蔵庫など、電気製品を3つぐらい準備するようになっている。農村部ではこれらの電気製品はまだ珍しく高価なものである。結婚式をレストランでして、女性が白いウエディングドレ

19　室内には布団が飾られている（カシュガル、2001）

スを着るなどの動きも生じている。

　さて、結婚後の女性の生活について、中国に含まれる以前には、既婚女性は夫の私有財産のようなもので、夫以外の男性と同席して食事はできないし、顔も見せてはならないし、外出一つ自由にできないような生活をしていたという[10]。

　ホータン地区で94歳男性の後妻60歳は、一枚の布で目の部分のみを出して、ほおかぶりする「ロパチ」と呼ばれるスカーフのかぶり方をしていた（第3章、写真11参照）。自宅で室内に一人でいる時にはこのようなかぶり方をしないが、自宅でも男性が来るとかぶるし、外出時にも、このようなかぶり方をしてきたという。この女性は、自分はこのようなかぶり方をしているが、最近ではこのようなかぶり方をする人は少なくなっていると話す〔写真20〕。

　私たちが民家訪問する際、家庭によっては男主人の了解を得なければ、その家の女性たちに会って話すことができなかったり、家の男主人が女同士の話に口をはさむことはないが必ず同室していることがある。男主人の不在時に訪問した際には、親戚の男性が男主人の代理としてわざわざ来ていることがあった。このようにするのは、男性が妻子を管理しているからだという。現在、女性に道徳的な日常生活が重視されることは、以前ほどではなくなっている。しかし、女性たちは日常的に気をつけて生活しているようである。

20　「ロパチ」の女性たち。バザールにて（ホータン、2005）

Ⅳ 学校教育と女性の教育・仕事

(1．不就学・学校中退問題)

　新疆ウイグル自治区が中国に含まれた時、この地域での非識字率はほぼ100％であった。しかし、2000年現在、新疆ウイグル自治区全体での非識字率は7.65％である。ウルムチ市では4.62％であるが、カシュガル地区は9.54％、ホータン地区では12.16％である（『新疆統計年鑑2001』による）。文字の読み書きができない人は、男女を問わず高年齢層に多い。

　新疆ウイグル自治区では1950年代から小学校や中学校が作られていく。そして、教師や医者などの絶対数が不足していたために、勉強意欲や能力などがあるとみなされた人々は相次いで登用された。しかし、2000年前後から教師数は飽和状態になり、先生になるのも順番待ちになってきている。教師に続いて、最近では医者の就職が良く、医者の希望者が多くなっている。しかし、1990年代後半から医師の国家試験が実施され始め、医者になるのも難しくなってきている。

　ホータンの元小学校教師で、現在、年金生活をしている65歳男性は、この地域の教育の歴史をまさに体現しているかのような人である〔写真21〕。少し紹介してみよう。

　中国において教員の退職年齢は男性55歳（女性50歳）と定められているが、この男性は60歳まで働き、2000年に退職した。この男性の場合、1952年に小学校に入学し、小学校は4年制であったが、優秀であったので飛び級の制度により3年間で卒業した。そして、1956年、ホータンに初めてできた中学校に入学し、3年間で卒業した。それに続いて、1959年にホータン師範に入学して3年間

21　元小学校教師（ホータン、2005）

学び、1962年8月卒業と同時に小学校の先生になった。ホータンでは1960年代に小学校が4年制から5年制になった。この男性によると、小学校の担任になると、教師は1年生から6年生まで持ち上がりであった。小・中学校が義務教育になった後も、入学時に約50人のクラスが、卒業時には30人ぐらいに減少していたという。

不就学・学校中退の大きな理由には貧困問題がある。南新疆では農業に従事する家庭が多いが、カシュガルで2003年にある中学校を訪問した際、農業をしている家庭はすべて貧しい生活状況であると聴いた〔写真22、23〕。

新疆は中国全体でみると辺境の貧しい地域である。小・中学校は義務教育であっても、依然として不就学者や学校中退者の多い状況が続いている。が、このような状況が近年、問題視されるようになり、是正しようとする動きも生じている。自治区内でも地域差があるが、授業料を無料にする地域や貧しい家庭の子どもには経済的な援助するなどの就学支援がなされている。

不就学・学校中退の背景には、貧困な生活状況のほか、農業や民族経済に従事する家庭では、学校に行くよりも、家の手伝いをしながら一人前の生活力をつける方が重視されていることも考えられる〔写真24〕。

絨毯工場で働いている女性の大半は、子どもを連れて

22 民族の中学校（カシュガル、2003）

23 民族の中学校の教師たち（カシュガル、2003）

働きに来ている。子どもたちは母親が働く傍で、子ども同士で幼い子の世話をしながら遊んでいる。このような環境の中で、子どもは8歳頃から絨毯織りを手伝い始め、12歳位になると一人前になるという〔写真25〕。

新疆の農村部で家庭訪問すると、室内に生活のための物が少ないのには（日本と比較し）驚かされる。亡父の本棚や本を見せてくれた家庭があったが〔写真26〕、このような家庭は大変、珍しい。子どもの勉強机や本なども、あまり見かけなかった。トルファンの家庭で中学生が机に向かって教科書を開いていたが、これで字が判読できるのであろうかと思うほど薄暗い部屋であった〔写真27〕。

2．女子教育をめぐる多様な考え方

小学校や中学校は義務教育であっても不就学や学校中退が多いが、性別でみると女性の方が多いという。この背景には女性には教育を受ける必要がないという考え方のほか、公教育が男女共学であることも一因になっている

24　農家の家族（カシュガル、2001）
25　絨毯工場にて、赤ん坊を傍らに母親は働いている（ホータン、2005）
26　亡父の形見の蔵書（トルファン、2005）
27　勉強をしている女子中学生（トルファン、2005）

のではなかろうか。すなわち、ウイグル族の女性は早婚の傾向があるが、伝統的な考え方をする親ほど、男女共学の学校には抵抗があるのではないかと考えられる。

　さらに現在、義務教育段階の教育では、漢民族・漢語の学校に行くか、民族の学校に行くかを選択できるが、どちらにするかをめぐって、親側には論議になっている。トルファン都市部のウイグル民族の親たちの間では、男の子は漢民族・漢族の学校へ、女子はウイグルの学校に入れるのが良いと話していると聴いた。その理由としては、ウイグル族と漢民族では生活習慣が異なっており、子どもが漢民族の学校に行くと自分はウイグルであることやウイグルの生活習慣を忘れがちになる。女の子は将来、母親になるから、子育てにはウイグルの生活習慣を守って欲しいため、女の子にはウイグルの学校に行かせたいというのである。

　ウイグルの習慣は家庭で学ぶことで、民族のみの教育は視野が狭くなるから、学校では広く勉強する方が良いという考え方もある。あるいは、漢民族が増加している地域では、漢語ができないと日常生活において困ることが多くなり、ウイグル人も漢語を学び話せるようになる必要があるという指摘もされている。

　全国的な規模で女性や少数民族に対する教育・就職機会についての優遇措置が採用されてきたため、教育熱心な家庭や豊かな階層の家庭では、1990年代から漢民族・漢語の学校に行く方が、将来、進学や就職などに有利になると、漢民族・漢語の学校を選ぶ傾向が見られる。

　実際、新疆でも大学進学や就職の機会などに関して、少数民族にはさまざまな優遇措置がある。たとえば、高等教育について、新疆大学や新疆医科大学では大学入学者の比率が少数民族と漢民族とで定められているため、少数民族の方がはるかに大学に入学しやすい。

　新疆大学の教員についても、5人のうち少なくとも2

人は少数民族が採用されている。全教員のうち女性教員の占める割合は、2000年夏に46％であった〔写真28〕。

　子どもや親に将来、希望する職業を尋ねると、圧倒的に医者の希望者が多い。ホータン近郊で2005年に、女子中学生が昼休みに20～30人ぐらい集まってきた。そのうちの約半数は医者希望であった。いかに医者が女性にとって憧れの職業であるかが知らされた。新疆医科大学での学部生の男女比率は、女性70％であるという。

　しかし、ウイグルの人々の間で女性の教育熱が高まっているのは、ほんの一部のことに過ぎないのかもしれない。上から女性を優遇することが規定されているため、一部女性たちは本人の実力以上の社会的地位につき、また本人や周囲の意識以上に実生活を変えるように強いられてきた面もある。しかし、伝統的な女性のあり方や家族生活が良いと考えている女性も多く、このような女性たちは、社会進出している女性たちが女性本来の生き方をしていないと批判するという。

　同じ一人の親が、女児が優秀で、将来、先生などになる見込みがあれば、子どもに教育を受けさせたいと考える一方で、そのような可能性のない女児には、学校に行かせるよりも家庭で母親の手伝いをさせ、伝統的なしつけをし、10歳代後半には結婚させてしまいたいと考える。ウイグルの親たちには、一握りの女性に教育を受ける機会や就職のチャンスが優遇されているため、女子教育については女性の将来像が二極化してしまい、ジレンマがあるのではなかろうか。

28　新疆大学（ウルムチ、2001）

最後に

　中国の家庭では男女とも家事育児を共同にして生活している印象がある。ところが、ウイグル族の女たちの話の中に、「男は何もしない」というのがよく出てくる。都市部の共働き家庭であっても男たちは家事育児をほとんどしない。自分は家庭のことをよくしていると思っている男性も、具体的に尋ねると、朝、自分のお茶を入れる位である。

　民家訪問をすると、女性たちはいつも忙しそうにしているが、男性たちは家庭内外で話をしていたり、ゴロゴロしていたり、何もしないでボーッとしている。

　前述のホータンで夫婦とも元小学校教師で定年退職後、年金生活している家庭の場合、妻は日常的な家事のほか、近居している長女の孫の世話のほか、毎週金曜日には一人暮らしをしている母親のところに行くなど、忙しい生活をしているようであった。ところが、男性の方は「何もすることがない」と一日中、退屈そうである。小学校教師をしている娘と3人世帯であるが、娘も帰宅後は夕食の手伝いや食器の片付けをしている。しかし、この男性は、自分が家庭の用事を手伝うことなど全く思いもつかない様子であった。これらすべて「女のしごと」であると認識されているのだろう。

　妻がバザールで買い物をしている間、子守りをしている男性も、自分は子育てなど日常的には全くしないと答える。

　都市部の高学歴の、いわゆる「57民族」の女性たちと話していると、次第に家庭内での女性への過重負担など、日本女性とも共通する日常生活での不満が噴出し始め、一緒に盛り上がって止まらなくなってしまう。

しかし、中国の一部である新疆ウイグル自治区では、ウイグル族にも、両親は子どもが幼くても就労するのが当り前の社会であるのは、日本人にはうらやましく思えることである。また、日常の家事や育児などは家庭内で既婚女性一人が責任を持ってすることではなく、女性たちの家族・姉妹・親族などの女縁ネットワークで相互に日常的に援助しあっているのは、考えさせられることであった。

新疆ウイグル自治区にも都市化や高齢化の波が徐々に押し寄せつつあり、高齢者のみの世帯や、年金生活者も生じている。トルファン市内では65歳からバスは無料化され、1990年代中ごろから老人の入所施設ができ始め、現在、2ヶ所あるとのことである。

本章では、伝統的に地域毎に独自な文化を発達させ閉鎖的な社会であったウイグル族の社会も、上からの、あるいは外部からの影響下に、急激な社会変動が進行中であることを検討してきた。そのさまは、日本の高度成長期前後における農村部の社会と似ているような印象を持った。伝統的な社会の生活様式に縛られず、大学進学や新たな仕事を求め、親元を離れ、新疆内の都市部どころか、外国に出かける若者もいる。

2000年代に入ると、民族学校でも漢語教育が実施され、大学などでは漢語で読み書きができなければ、仕事を続けることが難しくなってきた。新疆ウイグル自治区の漢化政策は一層、厳しく推進されつつある。

ウイグル民族の生活も価値観も多様化しつつあるが、大国・中国の一部でありつつ、民族として独自のアイデンティティを持ち続けることが、果たして今後も可能なのであろうか。

注 ··

⑴ 中央アジアという用語は多義に使われている。狭義には旧ソ連領内のウズベキスタン、タジキスタンなどを指すが、間野は、最広義の「内陸アジア」「中央ユーラシア」から、モンゴルとチベットを除いた地域は、歴史的にゆるやかなイスラーム文化圏を形づくってきたとして、これを「歴史的中央アジア」と定義し論じている。この「歴史的中央アジア」に新疆ウイグル自治区は含まれる（文献①参照）。

⑵ パキスタン・パンジャーブ州のイスラマバード、ラワールピンディ、ラホールなど都市部では、女性に対する社会的慣習は、北部の山岳地帯よりもかなりゆるやかであった（文献③参照）。

⑶ 1982年の平均寿命は、全国平均では男66.43歳、女69.35歳であるが、新疆では男59.59歳、女60.39歳である。最近約20年間のデータによると、新疆は平均寿命が全国平均よりも男女とも短い。それ以前の全中国の平均寿命は、1950〜1955年に40.80歳、1960〜1965年に49.50歳、1970〜1975年に63.20歳である（文献⑤参照）。

⑷ 人口研究の分野では、生物学的な性差、性比に注目してきたにも関わらず、人口をジェンダー的視点で研究するのは、新しい試みであるという。（文献⑥参照）。

⑸ ネパールでも同様な傾向がみられる。たとえば、カブレカパランチョク郡という山間部では、1994年に60歳以上の人口が、女性は男性の半数強にすぎなかった（文献⑦参照）。

文献 ··

① 間野英二「中央アジアとは?」間野英二・堀川徹『中央アジアの歴史・社会・文化』放送大学教育振興会　pp.13-15（2004）

② 若林敬子『中国の人口問題と社会的現実』ミネルヴァ書房　pp.489-494（2005）

③ 服部範子「パキスタンにおける結婚・家族とジェンダー──2001年・2005年のフィールドワーク──」『兵庫教育大学研究紀要』第28巻　pp.167-178（2006）

④　服部範子・宮坂靖子「中国・新疆ウイグル族の家庭生活とジェンダー——平成13（2001）年度　南疆フィールド調査—」『兵庫教育大学研究紀要』第23巻　pp.35-44（2003）、服部範子「南疆における家庭生活とジェンダー」岩崎雅美編『中国・シルクロードの女性と生活』東方出版　pp.25-42（2004）

⑤　若林　前掲書　pp.168-169

⑥　阿藤誠・早瀬保子編『ジェンダーと人口問題』（シリーズ・人口学研究11）大明堂（2002）特に以下の論文を参照した。阿藤誠「ジェンダー的視点からみた人口問題」pp.1-20、林謙治「ジェンダー問題としての出生性比—アジア諸国からの考察—」pp.21-42、高濱美保子「途上国における死亡の男女格差」pp.43-66

⑦　中島徹郎・服部範子「ネパールの山村女性とエンパワーメント」『現代の社会病理』第15号　pp.69-82（2000）

⑧　ウイグル族女性の伝統的な生活や通過儀礼については、以下を参照した。『女性と生活環境に関する日中比較研究—中国・新疆ウイグル自治区と日本の実態調査—』平成12年度～平成14年度　科学研究費補助金（基盤研究）（B）研究成果報告書（課題番号12572041）（研究代表者　岩崎雅美）（2003）より、周亜成・劉雲「ウイグル族女性の結婚後の生活とその変遷」pp.105-119、周亜成・王茜「ウイグル族女性の通過儀礼の概況」pp.121-129、王茜・魏銘清「ウイグル族の婚姻習俗の変遷に関する調査」pp.131-147。

⑨　周亜成・劉雲　前掲論文　p.106

⑩　周亜成・劉雲　前掲論文　p.106

⑪　瑪依拉買買提「中国新疆ウイグル自治区における不就学問題と親の意識—南新疆の実態—」『教育福祉研究』第9号（北海道大学大学院教育学研究科・教育福祉論分野）pp.137-148（2003）、宮坂靖子「中国・新疆ウイグル自治区における教育と育児—2003年フィールドワークより—」『家政学研究』第51巻2号　pp.65-71（2005）、リズワン・アブリミティ「模索するウイグル人—新疆における民族教育の状況—」『アジア遊学』

No.1　特集　越境する新疆・ウイグル　pp.164-184（1999）

⑫　熱依拉買買提・奇曼乃吉米丁「新疆ウイグル族女性の教育状況に関する研究」前掲報告書　pp.235-252、岩崎雅美・宮坂靖子「中国・新疆ウイグル自治区の女性と生活—その１　新疆大学の概要及び少数民族の生活—」『家政学研究』第47巻１号　pp.58-61（2000）

⑬　ブワジィル・ミジッティ・ハスィエット・エペドゥラ　アブドライム訳「新疆に於ける少数民族女性の社会的地位について」（2004）

『中国・新疆ウイグル自治区の女性と生活環境に関する総合的研究』平成15年度～平成17年度科学研究費補助金（基礎研究（Ｂ））研究成果報告書（課題番号15402001）（研究代表者岩崎雅美）pp.59-66（2006）

第3章

ウイグル女性の生活と服飾
強いジェンダー意識の表現として

岩崎雅美
Iwasaki Masami

中国・新疆のウイグル女性の服飾には、老若や貧富の差にかかわらず一種の共通性がみられる。長い髪、スカーフ、金のピアスや幾つもの指輪、オスマによる濃い眉、ヘナを施した赤い爪、長いスカートあるいはワンピース、鮮やかな色彩の衣服などである。これら服飾の表現の意味を明らかにすることが服飾研究の目的である。研究方法は二つに分かれる。一つは服飾品そのものについて、材質、形、色彩、文様などを詳細に調べることである。もう一つは女性がどのような一生を送り、それぞれの段階で服飾がどのような意味をもって関わっているのかを調べることである。一見すると西洋の服飾と似たものも見られるが、その表現の意味は全く異なることがあり、東洋と西洋という二極的視点からものを見ることに慣れている日本人には、新しい服飾文化として覚醒させられることがある。服飾の表現にはもとより個人の好みが直接反映するが、背景には社会の規範、地理や気象などの風土の要素、宗教的な戒律など種々の要素が混在する。服飾をものとしてみる興味と、女性の生活や女性の意識の表現としてみる興味が共存するが、ここでは後者の女性の生き方と女性性の表現に注目して、主としてジェンダーの視点から考察を進めることにする。

I
誕生後の耳孔に糸を通した赤ちゃん
最初の女性表現

　ウイグルの女性は殆んどが耳にピアス（アルカ alka.

halqa）をしている。ピアスはピアスド・イヤー・イヤリング（pierced-ear earring）の略で、わが国ではクリップやねじ式のイヤリングと区別するためにピアスと簡略に呼び、耳に孔をあけることも孔に通して付ける耳飾りも含んでいる。ピアスドは孔をあけたという意味で、対象は耳たぶが最も多いが、口や鼻などの部位も可能である。

　このピアスを何歳から付け始めるかは家庭により異なる。0歳からという母親や、5・6歳でしたという女性の返事が返ってくるなど決まっていないが、一般的には5～7歳くらいである。2005年にトルファンのロクチュン村を訪問したとき、出産後すぐに耳に孔をあけて糸を通したという2ヶ月の赤ちゃんに出会った〔写真1〕。孔は出産後に病院の医師が施したということで、この後3ヶ月になると父親から金のピアスが贈られるという。現在では村にも病院ができ、病院での出産を希望する女性が増えている。そこで誕生した子が女児ならば、ついでに産科の女医に孔をあけてもらうということである。ウイグルの人々は殆どがムスリムで、女性は女医に診察してもらうのが常である。いずれ女児はピアスをするのだから、病院で医師がいるところで誕生後すぐにやってもらえば簡単だという合理的な考えから、最近は0歳でピアスを希望する母親が増えているようである。以前の出産は村の助産婦に頼んで自宅で行うことが普通であった。そこでトルファンで長年、準女医のような仕事をして助産婦もしていた女性（A、51歳）を訪問した。もちろん耳に孔をあけることも頼まれて多くしたというので、彼女に伝統的なピアスの方法を尋ねた。米や

01　誕生直後に耳に孔をあけて糸を通した赤ちゃん（トルファン、2005）

02　コーリャン（トルファン、2005）

コウリャン〔写真2〕等の小さな粒を用いて耳の表裏からくるくると転がし、薄くなったところを消毒した針で突き刺すという方法である。孔をあけるのは女医に限らず、近所の人や親類の女性等で慣れた上手な人が行うことが多い。

　ウイグル女性のピアスは女性のシンボルである。一つだけでなく複数の孔があけられ、これは1980年のとき、これは1985年というように本人は記念日のように覚えている。しかし耳飾りのピアスを付けるのは一つだけで二つのピアスを同時に付けた人には出会わなかった。

　一方男児は5～7歳の時に割礼が行われる。これはイスラム社会では重要な宗教儀式であり、通過儀礼である。アホン(イスラム指導者)や医師を招き、コーランが読まれ、割礼の後は祝宴が催される。北疆のイーニンにおける調査（2002）の時に、バザールでアラビアの王子様のような衣裳が売られていた[1]。それは一地域の流行で、ウルムチなどの大都会では背広型の服装が一般的である。

II
結納・結婚のピアス
多産の表現

　ウイグル社会では多産を良しとする考えが支配的であることから、女性は5～6人の子どもを産むのが常であった。しかし中国政府は12億を超える人口増加に歯止めをかける目的で、1979年から漢族に「1人っ子政策」を打ち出したことから事情は一変した。ウイグル族ら少数民族にとって子どもは農業などの労働力であることから、2人（女子が続いた場合は3人）まで許すということになった。しかし、調査で訪問すると罰金を払って5人の子どもを有する家庭があり、例外は常に存在する。子どもは家庭のためにも、また民族の繁栄を支えるためにも

第 3 章
ウイグル女性の生活と服飾

重要であることは世界共通である。

　ウイグルの人々の多産を願う気持ちは多くの実を結ぶ植物に託されて、服飾に表現される事が多い。代表的なものは石榴(ざくろ)、無花果(いちじく)、アーモンドなどである。写真3はトルファンのバザールで売られていた金のピアスで、婚約や結婚の時に婿側の親から花嫁に贈られるものである。直径が5cmくらいあり、ピアスにしては大きい。値段は920元（約13,000円、金1ｇ＝110元・約1,500円）であった。同じデザインの銀製ならば150元である。細かい花のような文様に小さな金の玉が加わった華麗なデザインである。このデザインは無花果の花を抽象化したデザインで、金の玉を子どもに見立て、子どもがたくさん生まれることを願った表現である。

　結婚の時には「金のワンセット」すなわち全て金製のピアス（アルトン・アルカ altun alka）、指輪（アルトン・ウザック altun ozok）、ネックレス（アルトン・ザンジル altun zenjir）、ブレスレット（アルトン・ビラジック altun bilezik）が花婿側から贈られる。その他にもペンダントトップ（アルトン・コロン altun kolun）やブローチ、時計等が経済力に応じて加わることもある。2004年にハミを訪問した時、農家の自宅で客を招き、花嫁の門出の祝宴を催している場に出席した。大きな農家なので調理人を雇い、庭の片隅で大きな鍋にポロを調理していた。客に出される料理は、菓子類、茶、ポロ等で、日本人が期待する特別の料理ではなかった。別室の片隅に金箔の花嫁布団や枕が積み上げられて客に披露されていた。花嫁はアトラスシルクのスーツ、帽子にベールで装い、別室で女性の友人と過ごしていた。式場は町の中心にあるレストランで行われたが、数人の宗教指導者やア

03　多産を願ういちじく文様の
　　ピアス（トルファン、2005）

ジ（メッカに詣でた人）以外は女性ばかりで、花嫁の両親は出席していなかった。姑が花嫁の被っているベールをもちあげて客らに顔を見せた後、婿側からの贈り物が一点ずつ披露された。この中に金の装身具一式が含まれ、伝統が継承されていた（第1章、写真26〜28参照）。

　イスラームでは時空を越えた全知全能の唯一の神をアッラーと呼んで崇拝する。クルアーンまたはコーランは、聖予言者ムハマドが40歳の時に神の言葉を全部編集したものといわれている。『クルアーン』には黄金色、黄金の腕輪、真珠などが楽園の象徴になっている。また「金のような」という形容は「大切なもの」という意味で用いられる。ウイグル女性にとって黄金色あるいは金は、富裕や美的対象の特別な存在である。

　現在ではピアスなどはモダンなデザインが好まれ、またバザールなどで簡単に形を変えることができるが、結婚の時に贈られた思い出のピアスは大切にされている。トルファンで訪れた農家の寡婦はピアスや指輪を外していた。農作業が忙しいからというのが理由であった。葡萄の収穫や農作業で忙しい時は装身具を外すようであるが、金曜日のバザールや親戚を訪問する時など外出時には必ず付けて出かける。外出時や人を接待する際には着飾ることが習慣であり、また楽しみにもなっている。

III
坊主頭の女児
長く豊かな髪への願い

　初めてウイグル自治区を訪れたとき、スカートをはいているのに頭を坊主頭にしている女児によく出会い、驚かされた〔写真4〕。日本ではあまり目にしない女児の髪型である。2004年にハミで出会った子どもは、父親のオートバイに乗っていて現代風なジーンズルックであった

第 3 章
ウイグル女性の生活と服飾 | 065

04 頭を剃っている女児（カシュガル、2002）

05 ピアスで女児とわかる（ハミ、2004）

〔写真5〕。頭だけを見て男児と見間違いそうになったが、ふとピアスに目が止まり、女児であることを認識した。丸坊主の頭は長い豊かな髪が生えてくるように剃っているもので、トルファンでは誕生後40日の間に新しい剃刀を用いて剃るという。2歳くらいまでは繰り返して剃るが、髪が薄いと幼稚園に上がるまで続ける。トルファンで会った母親は、3番目の娘は10歳まで、4番目の娘は冬は帽子を被るので16歳になっても剃ったと語る。それほど女児の坊主頭は一般的で、豊かな黒髪に対する願望が強いことを示している。その後は死ぬまで髪を切らない人が多い。女性の美しさや幸せが、豊かな黒髪に凝縮されているような考え方と行為である。

IV
長い髪を三つ編みにして
母子のコミュニケーション

　今日、ダンサー以外に都市で多数本の三つ編みを見ることはまれであるが、トルファンのバザールで洋裁店を経営している女性にインタビューをしていると、10歳の娘が学校を終えてやってきた。見ると未婚女性のシンボルである多数本の三つ編み（ウールム・チャシ）にして

06　7本の三つ編み（トルファン、2005）

いた〔写真6〕。頭を二段に分け、上段の髪を5本、下段の髪を2本にして合計7本の三つ編みである。奇数を好むウイグルの人々は三つ編みの数も奇数にする。この母と娘はトルファンの西に位置するトクスン県の住人で、少女によるとクラスにはもう一人多数本の三つ編みにしている女子がいるということであった。これまでの聞き取り調査では、三つ編みの最多数は41本であった。三つ編みの方法は基本的には前述と同じで、本数を増やしたい時は段を増やし、1段における三つ編み数も増やしていく。数が多くなれば当然のことながら1本の三つ編みは細くなる。母親は女児の三つ編みや髪のまとめを日常的に行い、それが母と娘のコミュニケーションの手段にもなっている。他にもヘナ（爪や指先を植物で染める）やオスマ（眉毛を植物の葉で濃くする）などがあり、母親と娘が一緒に施す化粧法が継承されている。ウイグル女性は母と娘の関係が日本人以上に強いようであるが、その関係をつくる一つの機会が、娘の服飾に母親が大きく関与するところにあると思われる。

V
既婚女性の長い髪・豊かな髪への工夫
女性の魅力と誇り

　女性は坊主頭の時期が過ぎると一生髪を切らない人が多い。アトシュで会った二児の母親〔写真7〕は、膝丈ほどの長い艶のある黒髪であった。髪を切る人は公務員と

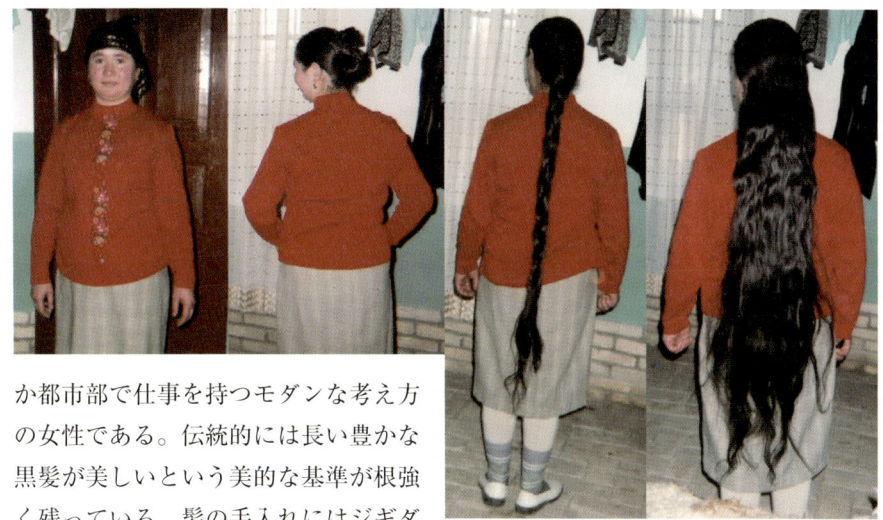

第 3 章
ウイグル女性の生活と服飾　067

か都市部で仕事を持つモダンな考え方の女性である。伝統的には長い豊かな黒髪が美しいという美的な基準が根強く残っている。髪の手入れにはジギダ（jigida）と称する沙棗の木の樹液が用いられ、日本の椿油の使用と似ている。既婚女性は長い髪を１〜２本の太い三つ編みにして、さらに櫛などを用いてまとめ上げている。櫛（タガック taghaq）はプラスティック製で抽象文様が透かし彫りにされたのものである〔写真8〕。アトシュで年配の女性（B、52歳）にこの櫛のことを尋ねると、1965年ころソ連から入ってきて10元（140円）で買ったという。この女性は年老いて髪が薄くなり、髪にボリュームを与えるために付け毛や合繊のリボンを用いている。後頭部にボリュームがつくとスカーフを被ったときの形が美しい。調査では未亡人になるとこのような工夫は見られず、夫の存在がおしゃれへの関心と行動に気力を与えている。

　現在、帽子（ドッパ doppa）を被る女性は少なくなっているが、ハミで会ったアジの女性〔写真9〕は２本の三つ編みを後ろで一つにまとめ、ビロード製の美しいドッパを被り、その上か

07　長い髪（アトシュ、2003）

08　櫛、付け毛、リボン飾り（アトシュ、2003）

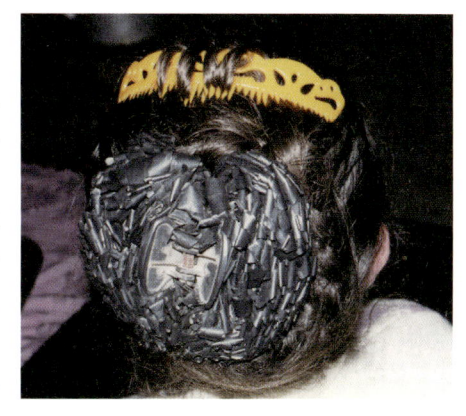

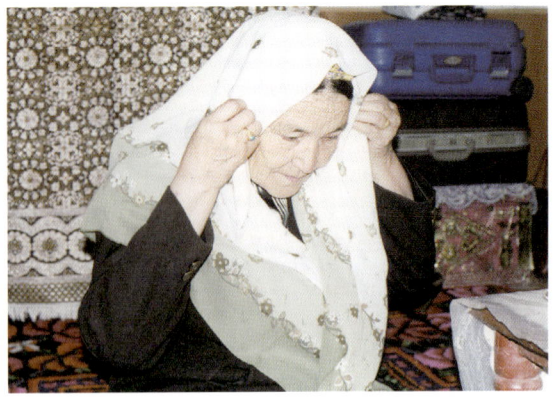

09　アジの女性（ハミ、2004）

ら大判のスカーフを深く頬被りにしていた。サウジアラビアのメッカに詣でた人という意味のアジは、周りの人々からたいそう尊敬されている。その理由はメッカ詣での条件にある。子供が独立して経済的に豊かであること、50歳以上の年配者で健康であること等がアジの資格になっている。メッカに詣でるには少なくとも20～30万円の高額の費用を必要とし、1～2ヶ月の日程に耐える体力が必要である。そのために兄弟姉妹や子供たちがメッカ詣での経済援助をする場合もあり、親族からアジを出すことにウイグルの人々は強い関心と誇りを持っている。この場合、社会主義の中国に住んでいるということは全く関係しない。一般の人々の日常生活にまで深く浸透したイスラムの宗教の強さは、あいまいな宗教心をもつ日本人を圧倒するものである。

　アジになった男女は、ムスリムとして誇りをもって生きている様子を、服装や態度に表現する。ハミやトルファンなどで会った男性のアジは、白いコート（ペシメット）を着たり、白いターバンを頭に巻いたりしていた。一方、女性のアジも日常から服装には特に注意をしている。前髪は『クルアーン』に「嘘付きで罪深い前髪」と記されているように、人間の虚栄や横柄な態度が前髪に凝縮されているように考えられ、前髪を見せない深い頬

被りがアジの服装では行われる。また夏でも長袖、長いスカート丈などで肌を見せない衣服が用いられ、幾分上質のもので装っているように見える。

VI
調理の時に指輪をとらない
おいしい料理

　民家訪問をすると必ずといってよいほどご馳走が供される。遠方から訪れた客をもてなす歓待ぶりは、50年前までの日本人のようである。主婦はたくさんの料理をつくり、客が食事をする間はもっぱらもてなしに当たる。料理上手は主婦の自慢である。調査で民家を訪問すると、よく台所や調理の様子を見せてもらう。台所の間取りや調理器具、食材などを観察しているときに、日本人との違いを幾つか発見する。服飾では胸当てのエプロンを用いないことや、大きな指輪をはめたままで粉を練ったり油を加えたりすることである。特に指輪について、日本人も結婚指輪や細い指輪は外さないことが多いが、大きな貴石や宝石がついた指輪は外すのが通例である。しかしある時、大きな指輪を付けたままで調理をしているので、最初は我々外国人が見ているからだと思っていた。後にウイグル女性から教えられたが、「指輪を付けて料理をすると料理がおいしくなる」という考え方があるというのである。そこからさらに指輪に限らず、何か装身具を付けて調理をすることも同じ意味であるという。お呪いのような考え方、装身具を付けることを推奨するコマーシャルのような考え方が、ウイグル女性の中に定着している。

　ハミでハミの名物料理が得意という女性は、大きな貴石付の指輪を付けて料理をしていた〔写真10〕。大きくぶつ切りにした骨付の羊肉とジャガイモを煮込み、その

10　大きな指輪をしたままの料理（ハミ、2004）

上に小麦粉と羊油で薄く延ばしたものを蓋のように何重にもかぶせて煮る料理である。薄いシート状の小麦粉料理と下の肉とは別々の皿に盛り付けられ、二つの料理として供される（第5章、写真13〜18参照）。ウイグル女性にとって料理上手が、女としての価値を示すことを裏付ける例である。

Ⅶ
多くの指輪をはめる
結婚指輪を薬指に定めない

　日本人は西洋の考え方を導入して、結婚すると左の薬指に結婚指輪をはめている。最近は豊かになり、またおしゃれで複数の指輪を付ける女性も多い。

　さて、ウイグル女性は複数の指輪を付けている人が多く、観察では既婚者は左の薬指に指輪を付けていることが多い。西洋の考え方と同じかと思っていたが、それはたまたま薬指に付けていたに過ぎないということが次第に判明した。例えば右手で家事や仕事をするので左に付けているとか、購入した指輪がたまたま薬指に合ったという程度の理由という。結婚指輪は左の薬指に付ける、という考え方は全く無いのである。外出時には指輪を右手にもつけたり、片手に2〜3個をつけ、特に年配の裕福な女性は多くの指輪を付けている。写真10の料理中の女性も既婚者であるが、両手とも中指に指輪をはめている。裕福な家の12〜13歳の女児は、両手に子供向きの指輪をつけていた。子どもの時から装身具を付ける練習でもしているかのようである。指輪は婚約や結婚の時、また子どもが誕生した時に夫から褒美として贈られること

もあり、愛情表現としてまた裕福さの表現として重要な女性の装身具になっているが、付け方には自由があるようである。

Ⅷ 一枚の布を顔や頭に巻く
砂漠を有する風土とイスラムの表現

　暑い時、寒い時、人に顔や髪を見せたくない時、風雨や土埃などから顔や髪を保護したい時、職業や所属等を表す時、おしゃれをしたい時など、私達は一枚の布を頭に掛けたり顔に巻いたりする。『クルアーン』ではヴェールについて次のように述べている。

　「外に表われるものの外は、かの女らの美や飾りを目立たせてはならない。それから、ヴェイルをその胸の上に垂れなさい。自分の夫または父の外は、かの女の美や飾りを表わしてはならない。」(24御光章-31) この記述が根拠となり、ウイグル女性は社会主義の中国にあっても被り物が外せない。ただし公務員は宗教色を外すことが条件であることから被り物は付けない。ウイグル女性のヴェールやスカーフをみると、目だけを出した完全な覆面のロパチ (robach)、茶色の編地であるトロマール、白薄地木綿のダカ・ヤフリック、大小スカーフのヤフリックなどがある。新疆ウイグル自治区は中国で最も広い自治区であり、北疆と南疆では自然条件が大きく異なる。また都会と地方でも習慣に相違がみられる。スカーフの被り方を例にとると、ロシアに近く交易の盛んなイーニンやウルムチのような大都会では、小さなスカーフを髪を見せながらアクセサリーのように被っていたり、全くスカーフを被らない女性も多く見られた。一方、南のカシュガルやホータンなどの地方では、伝統的な茶編地のトロマールや完全な覆面のロパチが見られ、顔を

11 スカーフで覆面にするロパチ（カシュガル、2003）

殆ど隠す被り物が特に年配の女性に残っている。砂嵐の時などは年齢に関係なく、防備のために頭を包み込むことが必要である。アラブの女性を感じさせる覆面ロパチ〔写真11〕は大きなスカーフを用いて目だけを見せる被り方で、ホータンのように土埃が日常的に起こる地方では今でもよく見られ、年齢に関係なく行われている。この被り方は大判のスカーフを用いてピンなどの留め具を用いず、スカーフの端を挟み込んで整えられるもので、慣れると日本人でもできるものである。スカーフが少し小さい時はマスクや、別の布をマスク状に用いたり、ピンなどの留め具を使ったりしている。前髪を隠し、口を覆うにつれて雰囲気が変化し、覆面が出来上がると全く別人のように見える。ウイグルの女性は目の彫りが深く黒いのでロパチにすると魅力的である。一枚の布が帽子にもマスクにもなる便利な使い方である。外の他者からは誰か分からないところに自由な気分が働く（第2章、写真14・15参照）。

　女性のロパチに対して男性にはターバンがある。帽子や、砂嵐の時には布端がマスクにもなり、以前は一般的に着用されていたと思われるが、現在のホータンやトルファンではアジやアホン（イスラム指導者）が白木綿のターバンを着用して、一種のステータスになっている。

　アジの女性はその信仰心の強さから日常から深くスカーフを被っているが、一般の女性も自宅でメッカの方向

に祈りをささげる時は、同じように大判のスカーフで深く頬かぶりに被り、身体を包み込むガウン風な服を着用する人もいる〔写真12〕。また特に頭部だけを覆うために、白い布で頭巾を造っている人もいる。地域に関係なく黒い服を着た女性が白いヴェールのダカ・ヤフリックを付けている時は喪の服装である。白いヴェールの短辺の方を顔に沿わせて巻き、その上に帽子を被る方法もみられる。喪が明けても年配の女性はそのまま白いヴェールを使用していることもあり、50歳以上の年配女性の定番の被り物にもなっている。

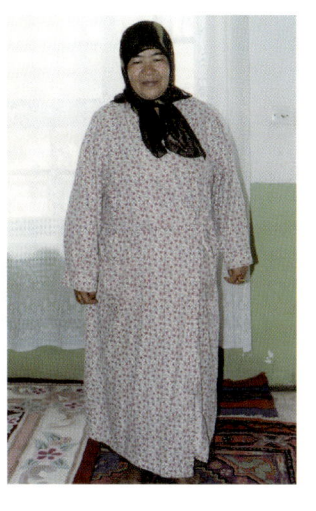

このように一枚の布の色彩や大きさや被り方に男女差があり、様々な意味や用途を有している。

12　祈りの服装（ハミ、2004）

Ⅸ 右前に仕立てる女性服
右を尊ぶ

　ウイグルの人々の生活には右を重視する考え方がある。家の中に入る時や出る時は右足から、足を洗う時やズボンをはくときは右足から、ブラウスを着るときは右袖から手を入れるというような具合である。その考え方の中に衣服の打合せも含まれる。欧米では女性の服は左前、男性の方は右前に仕立てられ、明治に洋服を導入した日本でも同じ方式を取り入れている。既製服でも女性服は左前に生産され、中国・新疆ウイグル自治区においても左前の女性服が売られている。ところがウイグル女性の

13　右前のコート（カシュガル、2003）

ジャケットを見ていると、右前になっているものをよくみかける〔写真13〕。バザールには仕立屋が多く、女性のジャケットは全て右前に仕立てられている。[1]新疆では仕立て代が安いので女性たちは好みのデザインに注文する。従って女性への贈り物に服地を贈ることも多い。個別の注文仕立てでは全て右前に仕立てられ、既製服では全て左前であることから、ウイグル女性は右前と左前の両方の服を受け入れている。男性は全て右前である。ゆえにもともと男女共に右前であったところに、西洋の女性の左前の衣服が入って来た、という状況である。

振り返って日本人のきもの（和服）をみると、奈良時代以来、最先端の唐朝の風習を取り入れ、男女共に右前に着ている。長年の習慣が現代まで継続しているもので、女性はきものを左前に着ることはできない。文様も着方が前提となり、右前が下前になるために、左身頃や左おくみに文様が付けられている。以前のアメリカ映画では、きものはネグリジェの上に着るローブやラウンジウエアーとして登場し、左前に着られていた。最近は日米交流によりきものが理解され、右前に着たアメリカ人がみられるようになった。いずれにせよ、洋服が西洋から入ったことで日本女性の洋服も左前になったもので、ウイグル女性の状況と似ている。

民族の伝統は民族の誇りを示すものであり、容易に変更を認めない。衣服の打合せのような部位にも民族の意識が表現されているのである。

X
赤い色、鮮やかな色、光り輝く色を好む
最高の服装

　乾燥した広大な土の色、長いポプラの並木と下を流れる小川、広大な綿畑、ウイグルの人々が住む風景はこのような広大でいささか単調な自然である。それゆえかウイグル女性は赤い色、鮮やかな色、きらきら光る色が大好きである。それをワンピースに仕立てて、客を迎えたり外出する時に着ている。トルファンの病院で子どもをブシュックというゆりかごに寝かせて診察に来た若い母親は、真っ赤なスパンコールのワンピースドレスであった〔写真14〕。町を歩く女性の服装にも鮮やかな色や光る素材がよくみられ、日本では夜のパーティードレスになるような衣服であるが、ウイグル女性には外出着になっている。ホータンの長寿村を訪れた時、集まった子どもたちの多くが、赤い色の衣服やスカーフをしていたので驚いた〔写真15〕。『クルアーン』には色彩について、緑や錦の色が報奨や楽園の表現に使われている。錦は多彩な色を用いた織物のことである。ウイグル女性の民族服にアトラスシルクがよく用いられるが、アトラスの赤、黄、緑、青、紫、黄の色彩は鮮やかで、葡萄や無花果の緑の葉を背景にするとよく映えて美しい。

14　ブシュックに子どもを寝かせて病院に来た母親（トルファン、2005）

15　赤い色の好み（ホータン、2005）

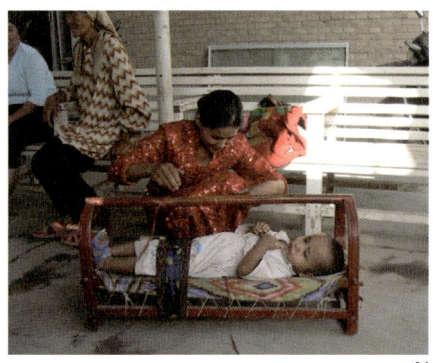

赤色や鮮やかな色彩は女性の衣服に集中している。男性は民族服に刺繡を入れた物がみられるが、概ね地味である。現在は全く洋服が一般的になり、高齢者やアジの男性に一部の民族服が残っているにすぎない。

XI
スカートとシタン（ズボンの一種）の同時着用
広い文化圏

ウイグル女性は下衣にシタン（ishtan）と称するズボン形のものをはき、表着にはワンピースやスカートを着用する。シタンは見えてもかまわない下着の一種で、薄地の布製である。白に限らず種々の色彩が使われ、レースなどの装飾が付くことが多いが、単独で表着にはならない。日本人にとってズボンのイメージは表着の意味が強く、シタンの着装や用途とは異なる。ゆえにウイグル女性がズボン姿で外に出ることは子ども以外ではまれである。最近若いウイグル女性にジーンズが流行しているが、これは世界共通のファッションにおけるパンツの導入で、意味が別である。シタンはわざわざ見せるものではないが、スカートの下から少しのぞいていることもあり、色物やレースなどを付けて装飾的に仕立てているものもある。写真16はジーンズにスカートをはいた姉妹である。母親はズボンだけだと漢族のようだからと、上にさらにスカートをはかせている。この場合の母親は漢族の姿との相違を強調しているが、ジーンズがシタンの役割を果たしている。スカートやワンピースにウイグル女性はとてもこだわり、スカートやワンピース姿が美しいという価値観を強く持っている。シタンの代

16　スカートとシタン（ズボン）
　　（カシュガル、2003）

わりにスパッツのような脚にぴったりしたニット製を用いることもあるが、要するにスカートやワンピースをはずさない。最近日本でもカジュアルファッションとして若者が短いスカートをパンツの上にはいているが、重ね着の一つの流行である。パンツは表着の種類に属する衣服で、ウイグル女性のシタンとは異なるものである。

さて、ワンピースやスカートの下にこのようなズボンを用いるウイグルの習慣は、イスラム社会のパキスタンやアフガニスタンの女性にもみられる。パキスタンの女性は下にシャルワール、上にチャイナドレスの変形のようなカミーズというワンピースを着る。カミーズは脇が裾で割れているため、表からシャルワールがよく見える。アフガニスタンの女性もワンピースの下には必ずシャルワールをはき、胡坐の座り方である。このようなスカートとズボン形の同時着用の要因を考えてみた。

（ 1. 胡坐や立膝座りから ）

ウイグル女性は現在は横座りを正式とするが、パキスタンやアフガニスタンでは胡坐が正式である。いずれも履物を屋内の戸口で脱ぎ、キリム（綴れ織の敷物）、絨毯、フェルトなどが敷かれた室内に入る。集合住宅以外のウイグルの民家では、床は一段高くなっている。ウイグル女性も気楽な場や、年配の女性は立膝座りをする。胡坐や立膝にはズボン形衣服の着用は必需である。このような座り方は中近東から中国北方、さらに朝鮮半島においても見られる。チマ・チョゴリが朝鮮半島に住む女性の民族服であるが、巻きスカートのチマの下にはバジと称する白いズボン形が下着として着用されている。日本でも薬師寺蔵の「神功皇后像」と「仲津姫像」（9世紀末〜10世紀初、共に国宝）は、胡坐や立膝の座り方で造られていることから、奈良時代にはこの座り方が正式であ

った可能性がある。立膝座りは江戸時代の初期まで継続したことが「満天姫像」（家康の姪で寛永10（1633）年歿、紙本著色、青森　長勝寺蔵）などの婦人像から明らかである。要するに男女共に胡座や立膝のような同型の座り方が長く行われていたということである。わが国では貴族の唐衣裳や小袿（後の桂袴）の服装に袴が残るが、一般では下の袴は省かれ、きものの身幅を広くして立膝座りに対応したのである。日本のきものと袴をワンピースとズボンに置き換えると、ウイグル女性との共通性がみえてくる。

2．遊牧民・砂漠の生活、厳しい自然

　ウイグルの人々は元遊牧民であったといわれている。馬に乗る遊牧生活にとってズボンは必需品である。また砂漠を有する生活には馬や駱駝等が交通手段として用いられる。唐代の墓であるアスターナ古墓などから出土した一種の人形である「彩絵騎馬仕女俑」に、男性と同じように馬にまたがった姿がみられる。西洋の女性は馬に横座りで乗るが、中国西域の女性たちは早くからまたがって乗っていたのである。服装は上衣が襦（細袖の体にぴったりした衣服）で、下衣は裾までの長い丈、裾幅がかなりゆったりした裙（裳）である。乗り降りの時には下にズボン形の衣服をはいておく必要がある。

　新疆ウイグル自治区は大陸性気候で朝夕の寒暖の差が大きいことも特徴であり、夏でも夕方になると寒くなる。そのような場合にスカートやワンピースの裾廻りだけでは脚が冷え、特に年輩女性にはシタンは必要である。

　またこの自治区にはタクラマカン砂漠が大きく横たわっているため、トルファンやホータンでは常時土や砂が降ってくる。ホータンの東に位置するキリヤでは、砂というより粉のようなきめの細かい土が一面に雪のように

積もっていた。道を歩くと靴の両側に粉土がパッと飛ぶ。2005年8月には2回しか雨が降っていないという。砂嵐になると家の少しの隙間にも土が入ってくる。気候や地理の厳しい自然の中での生活には、シタンは、必需品と思われる。

3. 宗教との関係

イスラムの『クルアーン』には、女性が衣服ですっぽり身を包むように次のように記されている。「予言者よ、あなたの妻、娘たちまた信者の女たちにも、かの女らに長衣を纏うよう告げなさい。それで認められ易く、悩まされなくて済むであろう。」(33部族連合-59)

肌や体の線を見せないために長い衣服を身に着けよ、とは言っているが、シタンの着用までは記していない。宗教の意味を広く拡大してシタンと結びつけた見方と思われるが、宗教学校の「マドレス」ではシタンとスカートの着用を義務づけているという。このような例があるとシタンが宗教と結びついているというイメージが固定化される。

祈り（ナマズ）は通常一日五回行われるが、夏と冬、農繁期などにより回数や時間には変化がある。女性はモスクに入ることが許されていないので自宅で祈る。祈りに入る前の準備の状況をハミで見せてもらった。足を洗う時にスカートの下にシタンをはいていると、足先のみを洗うのにとても安全で便利であることが見てとれた〔写真17〕。

17　祈りの準備（ハミ、2004）

4. 古代の服装の名残り

ウイグルの人々は古くは回鶻族(かいこつ)と呼ばれ、唐代においては高昌回鶻王朝を築き仏教徒であった。その繁栄の様子はベゼクリクの壁画に残っているが、残念ながらイスラム化の後は大いに荒れている。また19世紀末から20世紀初期に現物は他国に分散した。ドイツに送られたベゼクリク石窟壁画はそのコピーは残っているが、現物は第二次世界大戦で消滅したといわれている。コピー資料ではあるが、その中には回鶻王侯貴族の家族を描いたものがあり、服装を伺う手がかりになっている。男性は冠を被り、裾丈の長いワンピース（袍）にズボン（袴）を着用し、腰に垂れ飾りを付けたベルトをゆるく締めている。袍は裾脇が開いたいわば欠腋袍(けつてきのほう)である。女性は「喜悦公主画像」が有名で、それによると大きく結った髪型で髪飾りを付けている。衣服は細い長袖、唐草風な文様のあるへちま襟を対襟にした裾丈のワンピースである。これ以後の服装の変遷は明らかでないが、8世紀にはすでに現代風なワンピースを着用したようである。

XII
安い労働と手工芸
伝統を継承する女性

働ている女性の職種をみると、小麦、綿、葡萄、無花果、稲などを栽培する農業、絨毯織り、ドッパ（帽子）の仕立て、刺繍、トルロマールの製編み機の操作、女性服の仕立て、商店での店番などである。2004年に訪問したカシュガルの帽子工場で、布に石榴文様の刺繍をしていた機械は日本製であった。刺繍が完了すると手製の縫製に廻わされるが、作業は全て女性である〔写真18〕。1ヶ月250元（約3,500円）ほどの安い賃金である。蒲団カ

第 3 章
ウイグル女性の生活と服飾　081

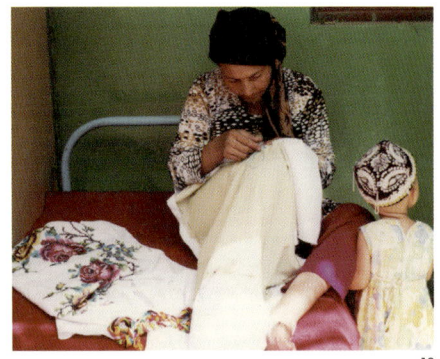

バーなどにはミシン刺繍が内職で行われ、ウイグルの人々の好きな花模様が付けられている。部屋の重要なアクセサリーとして、畳んだ蒲団、ミシン、電気製品などにウイグルの女性はカバーを掛ける習慣を持っている。その場合はクロスステッチなど簡単な技法の刺繍であるが、よく母親が子どもの守りをしながら刺繍を行っている〔写真19〕。店番をしながら母親が鉤針編みで自分の子どもの帽子を編んでいることもあった。ホータンでは出産後の母親が子どもを揺りかごに入れ、絨毯を織っていた（第 2 章、写真25）。母親は賃金は安いが子どもの守りをしながら働けるので有難いと語っていた。女の子たちも母親の仕事を見ながら織り方を覚えていく〔写真20〕。細かい手仕事は子どもの時に覚えなければ身に付きにくいものである。ウイグルの伝統手工芸は、女性の手によって支えられている。

18　帽子の仕立て（カシュガル、2003）
19　刺繍をする母親（ホータン、2005）
20　子どもの時から絨毯織りを習う（ホータン、2005）

　一枚の布・スカーフ、シタンとスカートの項で述べているように、ウイグルの女性の服装の特徴になっているものには、風土と宗教の両方が絡み合って存在している。風土の方が発生要因としては古いと思われるが、現在となってはどちらが先かは不明である。服飾を変える要因

を服飾史の中に探すと、戦さ、外国の影響、工業の発達（新繊維の発明、情報、交通手段、冷暖房機器の発明など）、流行、経済などが挙げられる。我々の調査では、イーニンのようにロシアに近い地域は外国情報と経済的豊かさから服飾の伝統が薄れていた。ウルムチのような都会では、多くの民族が生活することや経済の豊かさが集中するために、やはり民族性が薄れていた。中国でテレビやインターネットなどの情報メディアが普及し、種々の情報が手に入るようになると、伝統の希薄化はまぬがれないであろう。西洋でも東洋でもない内陸の文化が今後どのように展開するのか興味深いことである。

注……………………………………………………………………

(1) 岩崎雅美編『中国・シルクロードの女性と生活』東方出版、割礼の日の服装については p.72 参照、ピアスについては p.51 参照、被りものについては pp.46〜49 参照、右前については p.57 参照、祈りの身繕いについては p.71 参照（2004）

(2) 『日亜対訳・注解聖クルアーン』宗教法人　日本ムスリム協会　黄金の腕輪と真珠：p.408、前髪：p.789、ヴェール：p.429、緑と錦：p.744、長衣：p.519.（2002）

第 4 章
ウイグルの文様の特色とキリヤの服飾

岩崎雅美　村田仁代
Iwasaki Masami　Murata Masayo

ウイグル女性の服飾の文様といえば、まずアトラスシルクが頭に浮かぶ。赤や黄色の原色を用いた経緯文様である。しかしアトラスシルクはウイグル女性だけでなくウズベク女性も似た文様を取り入れ、ワンピースやシタンなどに仕立てている。ウズベキスタンとウイグル自治区は陸続きとはいえキルギスがその間に介在しているが、キルギスにもウズベク人は住んでいることから、両者は結婚や商業を通して交流しているのである。とはいえ我々はウイグル女性の調査を対象にしているので、ウイグルの手織りアトラスに注目して考察する。また、ホータンの東に位置するキリヤには独特の民俗服飾が遺っている。

I
アトラスの文様

　アトラスのワンピース（クィネック）は涼しいということから夏によく着られる。絹サテン地のなめらかさと色彩の鮮やかさ、大胆な経緯の文様はウイグル女性のお気に入りである。しかし、調査でアトラス製ワンピースの所持枚数を訪ねると、1〜2枚という返事が多く、都会に住んでいる人や若い人の中には0枚という返事もよく聞かれ、スカーフは20枚くらい持っているのに反して意外な結果であった。アトラスを嫌う人は一人もいなかったが、所持数が少ないのである。バザールの服地店を覗くとアトラスは一部という印象で、レース、シプン・

第4章
ウイグルの文様の特色とキリヤの服飾

ドハワ（透かし入りのシフォン・ベルベット）、ポリエステルの花柄等が多く売られていた。

バザールでよくみかける細い経縞が入ったアトラスは機械織りで、ウズベキスタンやロシア製が多く、概して70〜85cm幅の広幅である。一方手織りのホータン製アトラスは幅が45cm前後で狭く、長さを6.5mほどに切ったものを一反としてワンピース用に売られている。大きな文様が特徴のホータン製のアトラスは生産量が少ないためか、ホータン以外のバザールでは見つけにくい。

01　アトラスの工場（ホータン、2001）

我々は2001年と2005年にホータンのアトラスシルクの工場を訪問した。2001年の時は3〜4台の織機が稼働して繁盛しているようであった〔写真1〕。しかし2003年に中国でサーズ SARS 騒動が起こり、また2005年には日本に対する政治的なデモなどがあり、日本からの観光客が激減して、ホータンでのアトラスシルクの生産も大いに減ってしまったということである。

アトラスの伝統文様がいつ頃からつくられたのか明らかでないが、ホータンの文様には白糸を整経した後に櫛型の木で経糸に文様を染め付ける大柄の絣[1]と、日本の多くの絣のように先に経糸を絣に染めて絣にするものとがあり、いずれも経絣である。前者は作業する人の気持ちで如何様にも文様は変形し得る。後者は縞に小柄な絣が入り、定まった文様が繰り返され、ウズベキスタン製に多い文様である。奈良時代後期に我が国にも大きな絣の技法による錦が伝来しているが、産地について詳細な研究が進んでいない[2]。

2005年に訪問したホータン市内のT氏の工場での調査を例に、少し詳しく文様について考察する。この家では

嫁（21才）が機織りをしていた。彼女は16才から織物を習い、18才で同業者の家に嫁いだことから義父の指示に従って継続してアトラスを織っている（第5章、写真37参照）。

1. 名称について

　T工場では染色、デザインなどは工場経営者のT氏が決定する。この工場では15種類のアトラスを製作し、便宜的に以下のような名称をつけている。(1)〜(5)は〔写真2〕
(1)アームット・グリック・アトラス amut gulluk atlas（洋梨の形をした花）
　ハート形の洋梨を180度ひっくり返した形が特徴である。洋梨のことをウイグル語でアームットという。グリックは花の意味である。
(2)ダムチ・アトラス damchi atlas（市松文様）
　日本の市松文様と全く同じ文様で、2004年から造られているという新デザインである。
(3)チョングリック・アトラス chong gulluk atlas（大花）
　花が櫛のようでもあり、角のようでもある抽象文様である。

02　アトラス(1)(2)(3)(4)(5)（ホータン、2005）

第 4 章
ウイグルの文様の特色とキリヤの服飾

03　アトラス(6)(7)(8)(9)（ホータン、2005）

(6)　(7)　(8)　(9)

(4)セールック・アトラス seriq atlas（黄色地）

　黄色い地という意味で、文様の名称ではない。現在は一種なのでこれでよいのであろう。大きなハート型が特徴である。種か実を表しているかもしれない。

(5)キチック・タガック kichik taghaq（小さな櫛）

　黒地の櫛文様である。この種のアトラスは数種あるので、大小で区別している。(3)のチョングリックに似たパターンも組み込まれている。

(6)赤地細い縞　(6)〜(9)は〔写真3〕

　ウズベキスタン製やロシア製のアトラスに似た細い経縞である。

(7)コチュカラック・グリック qochqar gulluk（雄羊）

　羊の姿や角がデザインの基になっているようであるが、(1)(3)(4)(5)等のパターンと共通するパターンが組み込まれている。

(8)コシュ・グリック qosh gulluk（二つの花）

　(3)の丈を2倍に拡大したパターンである。

(9)カラガ・グリック qargha gulluk（カラスの足跡、点々）

(10)ベフシェン baxchum　(10)〜(14)は〔写真4〕

　川のイメージ、アトラスではなく男性のコート「トン」の生地で、縞の絹織物である。

04 アトラス(10)(11)(12)(13)(14)（ホータン、2005）

(10)　　(11)　　(12)　　(13)　　(14)

(11)チョン・グリック・カラー chong gulluk qara（黒地に大花）

花なのか人間が両手を挙げているのか、得体の知れないパターンである。

(12)ジュイネック・イシール・グリック jaynak gulluk（肘を上げた形・緑）

(13)キチック・グリック・イシール kichik gulluk（小花・緑）

(14)ユーグマッチ・グリック・アトラス yogimach gulluk atlas（先が曲がった形のある文様）

名称を一巡すると、大小の花、櫛、雄羊（角）、カラス、洋梨などが文様のテーマになっている。抽象化されているが文様を詳細に見ると、櫛・羊・花には共通の形や要素が含まれ、似通っている。この工場にはなかったが、ウイグル女性によると綿の花（paxta gulluk atlas）も文様に用いられるという。花文トルダメグル（toldamgul）はウイグル女性の多くが好むもので、石榴、バラ、マリーゴールドなどがイメージになっている。要するに日常生活に関連した羊や花、果物などが文様の基になり、絣の技法上かあるいはイスラムの影響下で抽象化されてい

第 4 章
ウイグルの文様の特色とキリヤの服飾 | 089

る。(11)の黒地に大きな花の文様は、人が手を高く掲げて踊っている文様にも見え、元法隆寺蔵の 7 世紀後半という「広東幡」によく似ている。ホータン・アトラスの色彩は黒〔写真5〕や三原色が基調で、単純な色彩と大胆な抽象文様の組み合わせが特徴といえよう。

(2. アトラスの普及状況)

　2004年にハミを訪問したとき、結婚式に出席する機会を得た。花嫁は自宅でアトラスのスーツに帽子を被り、その上に赤いヴェールを被っていた。祝いに集った女性客と楽しく団欒したり踊りを踊ったりして門出を待っていた〔写真6〕（第5章、写真26～30参照）。伝統を現代風に装った花嫁衣裳はこの人によく似合っていて、素敵な花嫁さんであった。彼女のアトラスは(6)番のような細い縞のアトラスである。結婚の祝いに集った女性の中にアトラスを着た人が二人いた。2・30人の女性の中に、花嫁以外にアトラスのワンピースを着た女性が二人というのはやはり少なく、二人とも既婚の年配者であった。この女性達はホータンで造られているアトラスと同じ文様で、(5)番の小さな櫛文様の色違いの青地と(1)番の洋梨の文様であった。後者は配色も全く同じものであった。日本人が

05　黒地のアトラス（ホータン、2005）

06　花嫁のアトラス（ハミ、2004）

服にするには大きすぎる文様であるが、体格が豊かで彫りの深いトルコ系ウイグル女性が膝丈の長めのワンピースにしていると似合っている。また、年齢に関係なく好みでアトラスが選ばれているのも、日本人の選択とは異なっている。アトラスは絹であるが普段着にもなり、必ずしも外出用や儀礼用の高級品にはなっていない。花嫁の母親や親戚の女性達はシフォン・ドハワを着用していた。

07 アトラスのワンピース、右端はアジの長女（ハミ、2004）

特殊な例として、アジの女性は宗教心の強さが服飾に反映され、黒地アトラスのワンピースを着用していることが多い。写真7はハミの四人姉妹であるが、長女（向かって右端、73歳）がアジで、大きな花の黒地アトラスのワンピースである。左端の末の女性は経縞のアトラス、左から二番目の女性は写真2の(1)アームット・グリック・アトラス（洋梨の形の花）である。

アトラスはワンピースやスーツ、シタン以外には蒲団、長い座蒲団・イゲンダース〔写真8〕、カーテン、壁の腰布〔写真9〕など寝具やインテリアの素材にもなっている。部屋の内装が単純な色彩であるために、カラフルな色彩

08 アトラスの座蒲団（ハミ、2004）

09 アトラスの腰壁（ハミ、2004）

の寝具やカーテンなどが好まれ、アトラスもそのような用途に用いられている。

　トルファンでアトラスを洗濯しているところ〔写真10〕を見せてもらったが、たらいを用いた湿式洗濯で無造作に洗っていた。絹地のワンピースでも日常に着用し、手入れ法も簡単である。私たちは絹地というとドライクリーニングに出したり、中性洗剤で押し洗いにしながら気をつかって洗濯する。ウイグルの女性も日本の女性も共に絹地との付き合いが長いが、衣服管理には大きな隔たりがみられる。

10　アトラスの洗濯（トルファン、2005）

Ⅱ 好みの植物文様

　ウイグルの民家を訪問すると連続的な植物文様が壁に描かれていたり、花柄の刺繍を施したクッションやカバー（掛け布）がよく目に入る。帽子などの刺繍にも花柄や抽象化した植物文様が施されている。砂漠を有する乾燥した自然の中で、ウイグルの人々は植物文様にどのような意識を持って取り入れているのであろうか。

1. 石榴、アーモンド、無花果の文様

　ウイグルの帽子（花文様のついた帽子ドッパ doppa、花文のない帽子サラベック sarabok）はつばのないキャップで、男性は現在でもよく被っている。一方、女性で被っている人はたいへん少なく、具体的には年配の女性、

11 1969年に結婚した時の夫婦の帽子（カシュガル、2003）

伝統的な結婚式をあげる花嫁、ダンサーなどが調査中に我々が目にした女性の帽子姿で、いずれも華やかな花柄や金色などの派手な色彩が使われている。1969年にカシュガルで結婚したという夫婦の当時の帽子〔写真11〕を見せてもらうと、夫婦とも色は草色に統一して、男女の文様を微妙に違えている洒落たペアールックであった。いずれも石榴の花がデザインされている。妻のMさん（50歳）に話を聞くと、結婚して10年くらいは帽子をよく被っていたが、スカーフが入ってきてからは帽子を被る人が減ったという。スカートやワンピースなどを着用していたウイグル女性がズボンをはくようになるのも1980年頃で、このころが服装変化の分岐点である。若い頃の外出にはスカーフを被り、その上にドッパを被り、さらにトルロマール（茶色の編み地のベール）を被って整えたというから随分重装備である。今でもカシュガルではスカーフの上にトルロマールを被って外出している年配風な女性をみかける。帽子よりもスカーフの方が手

12 刺繍の機械化（カシュガル、2003）

第 4 章
ウイグルの文様の特色とキリヤの服飾 | 093

軽で、変化に富んだ装いができることから入れ替わったのであろう。

　2003年11月にカシュガルで帽子を製作している工場を訪問すると、驚いたことに日本製の刺繡機が導入されて動いていた〔写真12〕。緑地に石榴の文様のなじみの文様が一度に30個くらい自動で刺繡されていた。機械化されているのは刺繡部分のみで、その後は女性が手作業で仕立てる。仕立てをしている女性は12歳で始めたというベテランであったが、裏を付けて平行に縫い目を作り、表地と裏地の間に細い棒状のものを差し込んで厚みをつくる〔写真13、上〕。これにより張りのある固い帽子になる。縁布も同様に作り、端に1cmほどのビロードを付けて手ざわりを良くしている。帽頂と縁布を縫い合わせて帽子は完成する。バザールでは出来上がった帽子に折り目をつける作業をしながら売っていた〔写真13、下〕。値段は35元（約490円）くらいである。

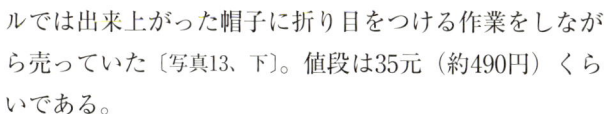

　帽子の石榴の文様を拡大すると、写真14のように1本の枝が2本に分かれて先に花（実）を付けた文様であることがわかる。石榴はザクロ科の落葉高木で日本でもよ

13　（上）帽子の仕立て（カシュガル、2003）、（下）帽子の折り目付け（カシュガル、2003）

14　石榴文様の帽子・ドッパ（トルファン、2005）

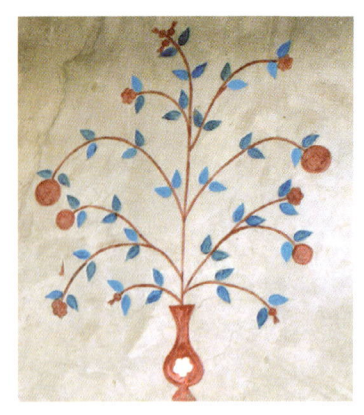

15 (左)石榴の木(カシュガル、2001)、(右)壁に描かれた石榴文様(グマ、2005)

16 (左、左下)アーモンドとモスクの文様(トルファン、2005)、(右)櫛のアーモンドの文様(トルファン、2005)

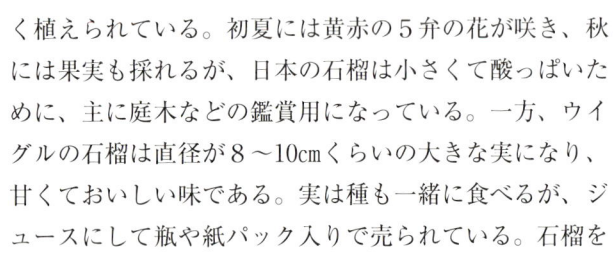

く植えられている。初夏には黄赤の5弁の花が咲き、秋には果実も採れるが、日本の石榴は小さくて酸っぱいために、主に庭木などの鑑賞用になっている。一方、ウイグルの石榴は直径が8〜10cmくらいの大きな実になり、甘くておいしい味である。実は種も一緒に食べるが、ジュースにして瓶や紙パック入りで売られている。石榴を割ると実がいっぱい詰まっている。実がずっしりと詰まり、その重みで垂れ下がった形が石榴の木の特徴である〔写真15、左〕。実の数ほど子どもが多く生まれるようにという多産を願った表現に使われる。多産のシンボルとしての石榴文様は、帽子以外に室内の壁や外壁などに装飾として描かれる〔写真15、右〕。石榴のデザインは用途や描く人により微妙に異なるが、その種類の多さが人々の関心の強さを表わしている。

第4章 ウイグルの文様の特色とキリヤの服飾

アーモンドも男性の帽子によく取り入れられている文様で、曲玉のような形をしている〔写真16、左上〕。ウイグル人の話によるとこの文様はソグド人の文様で、それがウイグルの人の文様に定着したのだという。男性の帽子にはそれに加えてモスクを簡略化したアーチ型の文様が配置されることが多い〔写真16、左下〕。男性はモスクに入って祈ることが許されているので、その様子が帽子の文様にも表現されているのである。一方女性は自宅に止まり自宅の一室で祈る。

　北疆のイーニンでよく見かけたが、結婚した女性が長い髪を巻き上げて毛先を櫛に引っかけて整えていた。櫛を落とさない工夫にも見えたが、トルファンのバザールでは2元（約28円）ほどの安さで売っていた。プラスティック製の簡単な櫛〔写真16、右〕であるが、歯の上部にあたる棟の部分にアーモンドや葉の文様が抜き文様で施されている。

　無花果〔写真17、左〕は日本でも好まれる果実でジャムにもされているが、新疆ウイグル自治区の無花果は扁平で大福餅のような形をしている〔写真17、右、赤い皿の果物〕。完熟と思えるほどに熟してから収穫されるので、重ねて売っているところを見ると少しはつぶれている。第3章の写真3で紹介したピアスは無花果のイメージから生ま

17　（左）無花果の木と（右）赤い皿にのせた無花果の果実（トルファン、2000）

れたデザインのピアスである。無花果も果実を二つに割るとわかるように、中にたくさんの種が詰まっている。この種の数ほど子どもが授かるようにと願った表現がピアスの細かい文様である。植物はどの植物でも環境が良ければ増える性質を持っているが、特に一目で確認できる種の多い果実は、多産を願う文様に転用されている。中国の漢族には一人っ子、少数民族には二人という政策が施行されるまでは、このような多産の生活がウイグルの人々の願いであった。

2. 壺形花瓶に飾られた花文様

ウイグルの女性はクッションや蒲団カバー、間仕切りのカーテン（垂れ布）、カバー（掛け布）によく花模様の刺繍を施している。蒲団カバーのように大きくて実用的な物はミシン刺繍が一般的であるが、装飾品はクロスステッチを主とした手刺繍が多い。

部屋の片隅に嫁入り道具であるサンドックという衣装箱が置かれているが、その上には決まってスーツケースが積まれている。そして必ずといえるほど刺繍されたクロス、レースの縁飾りのあるクロス、レース、厚地カー

18 （左）サンドックの上に積み上げたスーツケースとカバー（ウルムチ、2005）、（右）サンドックとスーツケース、（カシュガル、2003）

第4章 ウイグルの文様の特色とキリヤの服飾

テンのようにフリンジを付けた厚手のカバーなどが掛けられている。スーツケースが幾つも積まれているときは、その間に滑り止めを兼ねてクロスが挟まれている〔写真18〕。掛け布はラジオ、テレビ、ステレオ、冷蔵庫、洗濯機などの電気製品やミシンなどの家財道具の殆どに掛けられ、部屋の装飾にもなっている。

　日本人の生活を振り返ると、やはりピアノやステレオなど高級な家財に刺繍やレースの掛け布を掛けている。30〜40年前の足踏みミシンにはフリンジの付いた紋織りのカバーが付いていたことが思い出されるが、カバーを掛ける例はウイグルの人々の方が多く、しっかりと定着している。

　さて、ウイグルの女性が好む花文様には一つの特色が見られる。それは壺形の花瓶付きの花文様が多いということである。花で囲った中心には決まったように花瓶に入った花が据えられている。乾燥地帯で生活する人々にとって、花瓶は花に水を与える器物として絶対に欠くことができないものである。クッション〔写真19、左上〕やカバー、間仕切りカーテン〔写真19、右〕などには手刺繍で花文様が施されているが、その中央にはいずれも花瓶付きの花が配置されている。またホータンで住宅の腰壁

19　花瓶付きの花文様（左上）クッション（カシュガル、2001）、（右）カーテン（ホータン、2005）、（左下）壁面装飾（ホータン、2005）

20　盆栽と瓶に入れた花の壁画
　　（グマ、2005）

に図案化された花の連続文様がみられたが、その中にも花瓶が描かれている〔写真19、左下〕。花瓶は花文様に無くてはならない器物として定着している。

　2005年に皮山（ピーシャン・ウイグル語でグマ）県の「トルデ・アジ・コロシ」（トルデ・アジの邸宅）を訪問した。ホータンから国道315号を西へカシュガルに向かう方向にある。1951年までアジ氏が住んでいた邸宅で、135年前の建築ということであった。客を向かえるサライ・ウイと呼ばれる部屋の壁面や天井には、びっしりと花の絵やアラビア文字が額入り風に描かれている〔写真20〕（第7章、写真4参照）。中国文様は左右対称であることから、一見左右対称にみえる壺の花や鉢の絵を丁寧にみると、正確には左右対称になっていない。おそらくアラビア文字を取り入れてウイグル風にアレンジしたものと考えられる。絵はカシュガルの技術者が描いたといわれるが、蓮、蘭、牡丹、バラ、夾竹桃、ダリヤ、抽象化した花などや、石榴、西瓜などの果物が画材になり、江戸時代の友禅小袖のように洗練された極彩色である。砂

漠を旅して到着した客を豊かなウイグル風の花園と果物でもてなすという趣向にみえる。題材に注目すると、多くの花は鉢植えと花瓶に挿した状態のセットで描かれている。

　花瓶文様は絨毯にも見られ、杉山氏はペルシア絨毯に多く見られる「壺形文様」に似ているという。またこの文様は漢族の影響を受けた文様で、内蒙古自治区の包頭の古い絨毯にも花を盛った壺形文様は数多く残っていて、絨毯は壁面にも飾られる。如意を花瓶に挿して机の上に置かれている形は、「平安如意」（平の音が瓶と同じ、安が案・長方形の机と音が同じ）の寓意であるという。(3)(4)

　日本の宝尽くし文様の基になっているのが中国の八宝文様であるが、八宝には仏教八宝、道教八宝、儒教八宝があり、仏教八宝（八吉祥）の中に罐（カン・瓶のこと）が含まれる。この場合の罐は仏教の象徴になる八種の識知物の一つの表現であり、仏陀の身体あるいは舎利壺を意味する。ゆえにこの場合は花はなく瓶のみの形である。道教八宝（暗八仙）には花籃（はなかご）が含まれるが、ウイグルの文様は篭ではなく瓶の方なので道教とは関係がなさそうである。

　韓国の文様をみると同じく仏教八宝があり、宝瓶と名称が変化しているが意味は中国と同じである。別に七宝・八宝文様があり、その中には花瓶が含まれている。

　蓮華荷葉が和合を表す（荷と和が音が似ている）ことは中国と共通であるが、蓮の花や種々の花を盆栽仕立てにしたり、壺や瓶に挿し、それらを組み合わせた物を韓国では「盆花文様」と称し、静物画に仕立てて壁面の装飾に用いる。すでに三国時代（3世紀）の古墳壁画、金工装身具にはこの文様がみえ、公州武寧王（在位501〜522）陵から出土した百済冠飾には中央に蓮華と忍冬・折枝を挿した花瓶が描写されているという。(5)(6)

　ウイグル刺繍の花瓶文様はどうやら中国大陸や朝鮮半

島あたりに広がる盆栽・花瓶文様の内の花瓶文様だけが残ったものと考えられる。

　翻って日本の花文様に目を移すと、日本人は水を流水文として様々な線形で表し、桜、杜若、菊などの花と組み合わせて自然の趣きや文学を表現することが多い。花と花瓶の組み合わせ文様は管見の限りでは服飾文様に例がない。筐に花を盛った花籃文、あるいは花筐を車に乗せた花車文は、武家の打掛の文様などに時たまみられ、高貴で豪華な文様になっている。花筐文様の発祥は前述の中国・道教八宝と考えられる。我々は植木鉢の文様と聞くと能楽「鉢の木」を主題にした文様をイメージする。深い雪にあった僧侶がある民家で宿を頼むが、夜が更けて薪が無くなったときに主人は梅桜松の盆栽を切って焚くのである。後にこの僧侶は姿を変えた最明寺入道北条時頼であることが判明する。「いざ鎌倉」という事態には何をおいても駆けつけるという宿の主人の言葉通り、それが実行され、時頼は宿での厚意に報いて褒美をとらせるという物語である。この物語から生まれた小袖の文様には文学表現としての盆栽が登場する。

III
白い服飾

1. 男性の白い服飾

　ウイグルの人々が白い服を着用する時は、目的や着用者がはっきりしている。男性の場合はアホン（イスラムの伝道者）かアジ（メッカに詣でた人）である。トルファンのバザールで仕立てをしている店を訪ねると、主人は20年くらいのベテランであった。アホンの白い服はペリジュー（parija）と称して55元（約770円）、アジの白い服

第 4 章
ウイグルの文様の特色とキリヤの服飾

はペシメット（pashmat）と称して50元（約700円）で、いずれも一日で仕立てるということであった。下に白い綿のシタン（イップ・シタン yip ishtan）を着用する〔写真21、右〕。

20世紀の初頭にドイツ人でトルファンのトユック村を調査した人がいたが、その人の住居跡が観光客のお目当てになっていた。男性は60歳が一区切りで長老となり、メッカに詣でてアジになることが多い。そして服装が「男の服」と呼ばれる白い服に変化する。トユック村で訪問した家の男性（Z、80歳）は1987年、60歳の時にアジになっている。白いシャツ、白いズボン、白いベスト、白いコートで白で統一されている〔写真21、左〕。70歳を過ぎるとアホン、アジ

21 男性の白い服装（トルファン、2005）

22 アホンの男性が白いターバンを巻いている（キリヤ、2005）

23 弔問の白い服装（トルファン、2005）

は白いターバン（サーラ）をつけてモスクへ行く。祈り以外では結婚式や葬式の時にもターバンを付ける。トルファンで丁度祈りの時間になったとき、アホンは屋根の上から礼拝へのよびかけを行っていた〔写真21、下〕。年輩の男性が屋根の上から大声で村民に呼びかけている光景をみると危険と思われるが、若い人を使わないのである（第1章、写真15参照）。

ホータンの東に位置するキリヤ（干田）でターバンを見せてもらった〔写真22〕。二人の男性はアジ（C、72歳、1999年にアジになった）とアホン（D、65歳）で、二人とも白木綿のターバンを巻いていた。ターバンは幅が70cm、長さが430cmほどの白木綿で、帽子の上からくるくると巻いて、最後は布に挟み込む（第7章、写真32参照）。女性は同じ布を110cmくらいに切って被っている。白はウイグル語でダカ（daka）であるが、キリヤではダキ（daki）という。黒いコートはトン（ton）と呼ばれている。

2．女性の白い服飾

女性の白い服は喪服である〔写真23〕。葬式に出かけていたという女性達は指輪をはずして白いワンピースを着ていた。ピアスは白いスカーフに隠れるのでそのままであった。女性は死者には面会できず、お悔やみだけを述べて帰る。未亡人は夫の葬式の時に、白いワンピースの上に黒いコートを着て白いベールを被るが、喪の期間が過ぎても白いヴェールを継続して用いることが多い。

第 4 章
ウイグルの文様の特色とキリヤの服飾 | 103

24 民俗服のコート・ペリージャ（キリヤ、2005）

25 袷仕立てのコート・ペリージャ（キリヤ、2005）

Ⅳ キリヤ keriya（干田）における女性の民俗服

　ホータンから東に向かって150kmほどのところに干田（キリヤ）県がある。この地域の女性の服装には今も民俗服が残っている。頭部をみると白いベールの上に小さな帽子・タルペック（talpak）を乗せてピンで留めている。衣服は黒地の緞子地のコート・ペリージャ（perija）で、胸に鮮やかな空色の布で7本の翼のような線がアプリケされている〔写真24〕（第7章、写真31参照）。同じ空色の布で襟無しの前見頃の端や袖口がパイピングされている。黒と空色の対比が美しい。裏は木綿地に小花文様がつき、袷仕立てである〔写真25〕。下は白いシタンと白地のワンピース（クイネック koynak）で、胸には棗色（地元ではコンクズル qanqizil・チランラン chilan rang 赤茶色）の布で、コートと同様の形のアプリケが施されている。襟無しの襟ぐりも棗色の布のパイピングである。コートには釦が無く、トルコのカフタンのような形で羽織って

着装する。脱ぐと平面状の衣服になる。畳み方は、袖は表向きにしてそのままにして中に入れ、見頃は外裏にして脇と背で屏風畳みにして長く折る。最後に丈方向を四つ折りにして終了する。きものほどに複雑ではないが畳み方が確立しているところに、伝統的衣服の重みがある。

　この服装は30歳以上の女性のもので、外出、結婚式、葬式など特別の時に装われる。年を重ねることが尊ばれる地域で、それがこの服装に表現されているのである。胸の文様の意味はもう忘れ去られ、民俗装飾として定着している。近くのバザールでコートを格安の100元（約1,400円）で売っていたが、高い物は900元くらいするという。普通はバザールで好きな黒い緞子を買い、それを仕立屋に持参して仕立ててもらう。

26　小さな帽子・タルペック（キリヤ、2005）

　一方、白い木綿のヴェール（ヤフリック yaghliq）については、夫がアジということで訪問した女性（E、65歳）は付けていたが、一般には40歳くらいから被り、その上に小帽子を付ける。ヴェールの上に付けられる小帽子・タルペックを造っている女性（F、66歳）を訪問した。帽子の上部の直径は３～４cm、下部の直径は９～10cmほどで、内側が羊の皮、表は黒ウール地である。木型の帽体があり、それに合わせて一定のサイズにできている〔写真26〕（第７章、写真30参照）。

　この家では娘と一緒に造り、１日３個くらいのペースで製作している。値段は30～50元である。小帽子を被る習慣は、タクラマカン砂漠の南の地域であるキリヤ keriya（干田）、ニヤ niya（民豊）、チャリチャン

charchan（且末）に残っている。

　ウイグル女性の服飾の魅力を一言で語ることは難しいが、まず意外であったことは、伝統を示すアトラスシルクの衣服の所持数が少ないことであった。その様子は最近の日本人のきものの所持数にも似ている。きものを嫌いという人は殆どいないが、所持している若者は少ない。またウイグル女性の間ではシルクが特別の素材でなく、日常の衣料に供される素材であるということである。ウイグルの人々が多く居住する南疆やタクラマカン砂漠の南の地方では、今も年齢を表し、年配者を重んじる服飾表現がみられること、未婚・既婚の状況が服飾に表現されることなど、今で言う個人情報が服飾に盛られている。また、鮮やかな色彩が好まれることは、砂漠の地理性が強く表れているようである。

　付属品や装身具には多産のシンボルである石榴、無花果、アーモンドなどの植物文様が施され、民族の願いが表現されている。ウイグルの伝統的な服飾が今後テレビや外国の影響などによってどのように変化していくのか興味がもたれる。

注……………………………………………………………………
(1) 岩崎雅美編『中国・シルクロードの女性と生活』東方出版(2004) アトラスについては pp.52-55、75-77 参照。アーモンドの文様については p.73 参照。衣装箱（サンドック）については pp.59-60 参照。喪服については p.46 参照。
(2) 松本包夫編『カンヴァス版日本の染織第一巻上代の染織』中央公論社、昭和57年、図8「広東幡重要文化財7世紀後半幡身32.5cm 東京国立博物館」p.18。「上代裂にいう広東（間道とも書く）とは、数色に染め分けた経糸を種々な経絣文様に整経し、

単色の緯糸とで平組織に織り上げた織物のことである。(中略)本図版も『献納宝物』の一つで重文、『小幡赤地絣錦』と称されているもので、聖徳太子が勝鬘経講説のときに使用したとの伝がある。(中略) 第一坪のみ先述の広東幡が用いられている。その文様は唐草とも人物ともつかぬ奇異な様相を呈している」。文様を人物と考えると、装飾を施した髪、両手、両足を広げ踊りを踊っているような軽快な雰囲気である。縦の線で文様が造られているのがはっきりわかる絣文様である。

(3) 杉山徳太郎『維吾爾絨毯文様考』源流社 pp.66-70（1991）

(4) 刘秋霖・刘健著『中华吉祥物图典』百花文芸出版社（2000）によると、「四季平安」（瓶に花）、「九重春色」（花木盆栽）、「玉堂和平」（瓶に花）など「平安如意」以外にも花瓶と盆栽の図は多数みられる。

(5) 林永周編著・金両基訳『韓国文様事典』河出書房新社、1988、七宝・八宝文様については pp.114〜122 参照、盆花文様については pp.80、102-103 参照。

(6) 武寧王の冠飾については『国立中央博物館』通川文化社（韓国・ソウル）p.55（1995）参照。

(7) 石崎忠司『きものの文様－初心者から専門家までの解説書－』衣生活研究会 p.173（1980）

第 5 章
ウイグルの食生活と栄養

中田理恵子
Nakata Rieko

I
ウイグル族の民族料理

　私たちは以前、ウイグル族の世帯でよく食される民族料理として、「ポロ」「ナン」「ラグマン」「サムサ」「マンタ」などを紹介した。私たちは2004年9月にハミ地区、2005年9月にホータン地区でも聞き取り調査を行ったので、ここではさらにいくつかの民族料理を紹介したい。

1．小麦粉料理と米料理

　小麦粉に水を加えて混捏してドウをつくると、グルテンが形成されて、粘弾性、伸展性をも持つようになる。グルテンは、小麦の主要タンパク質で、弾性の強いグルテニンと、伸張性のあるグリアジンの複合体である。この性質は小麦独特のもので、他の穀類ではこのような粘弾性、伸展性は見られない。このような小麦粉ドウの性質を利用し、細長く手で延ばして作った麺を使った「ラグマン」〔写真1〕、平らに伸ばしてトヌールで焼いてつくる「ナン」〔写真2〕、薄く伸ばした皮に羊肉や玉ねぎなどの具を包んで焼いた「サムサ」〔写真3〕、蒸篭で蒸した「マンタ」〔写真4〕が有名である。

01　ラグマン（ウルムチ、2004）

第5章
ウイグルの食生活と栄養

ここでは、今回の調査で食したいくつかの小麦粉料理を紹介する。「マイサムサ」は、羊肉、玉ねぎ、にんじんに塩、コショウを加えて炒め、小麦粉のドウで包んで揚げたものである〔写真5〕。「ミサンザ（misanza）」は、揚げドーナツのようなもので〔写真6〕、ウイグル族だけでなく、回族、漢族にも食べられるものという。「ユタザ」は、マントウのことで、中には何も具は入っていない〔写真7〕。「ポーラ」は、小麦粉の皮にニラ、たまごなどを混ぜて、油で揚げた料理で、おもに昼食の料理であるという〔写真8〕。「トウルマル」は、まず直径10cmくらいの小麦粉のドウを、50cmくらいの大きさまでに広げて皮を

02　ナン（ホータン、2005）
03　サムサ（ウルムチ、2004）
04　マンタ（ウルムチ、2004）

05　マイサムサ（ハミ、2004）
06　ミサンザ（ハミ、2004）
07　ユタザ（ハミ、2004）
08　ポーラ（ウルムチ、2004）
09　トウルマル（ハミ、2004）

作る。これに、白菜を細かく切ったものを並べて巻いて蒸籠で蒸し、5～6cmほどに切って食べる〔写真9〕。以前イーニンで、にんじんを使ったよく似た料理を食べたことがあるが、北疆ではにんじん、ハミでは白菜を使うとのことだ。

　数々の小麦粉料理と比較して、米を使った料理は、ほぼポロに限定されていた。ポロに使われる米は、単粒で粘り気のあるジャポニカ米で、パエリアのように、具材を炒めた中に水と米を加えて炊き上げていくという、炊き込みご飯風の調理方法である。ハミの民家で見学したポロの調理方法を簡単に紹介する。大きく切った羊肉を羊油でよく炒めてから、細かく切った玉ねぎを加えてさらに炒める。そこに、細かく切ったにんじんを加えて、さらによく炒める。にんじんが柔らかくなったら、水（米の2倍量）を加え、砂糖、塩で味付けをする。このとき、塩味が少し強いほうがおいしく仕上がるそうだ。次に、肉を取り出して、洗っておいた米を加えて炊いていく。汁が減ってきたら（米が8分くらい炊けた状態）、底を少し残してよく混ぜ、お肉を戻してから、蓋をして30分弱火で炊いていく。にんじんを多くいれたほうがおいしく仕上がるようだ。また、冬には、これに干しぶどうや

10　羊肉と揚げ卵を飾ったポロ
　　（ハミ、2004）

干しあんずを加えたポロをよく作るということであった。出来上がったポロは、大皿に盛付け、その上に肉の塊を飾りつける。見学した家は、揚げた卵も一緒に飾り付けられた〔写真10〕。ポロは、家庭料理であるだけでなく、祭りや儀礼にもかかさせない料理でもある。

2. 肉料理

　ウイグルの人たちにとって肉といえば、羊肉のことをいう。細かく切って、サムサやマンタの具にしたり、ポロ、ラグマンやスープ料理に入れたりと、重要な動物性タンパク質源であり、脂質源である。生後6ヶ月くらいの子羊は「コザ」、生後1年のものを「パフラン」、生後1〜2年のものを「ユユ」と呼び、生後1年くらいの肉が、柔らかく食用として好まれるとのことである。

　ハミの民家では、「ヤプマ（yapma）」という羊肉と野菜の煮込み料理をいただいた。この料理は、ハミ地区に昔からある伝統料理で、ほかの地区では見ない料理であった。まず、大きく切った羊肉を、玉ねぎ、にんじん、トマトとともに、塩とニンニクを加えて煮ていく〔写真11〕。羊肉は、1回に5〜6kg 使うそうだ。全体に火がとおったら、大きく切ったジャガイモを加えて、さらに煮ていく〔写真12〕。小麦粉のドウを二人がかりで、ちょ

11　ヤプマ①（ハミ、2004）

12　ヤプマ②（ハミ、2004）

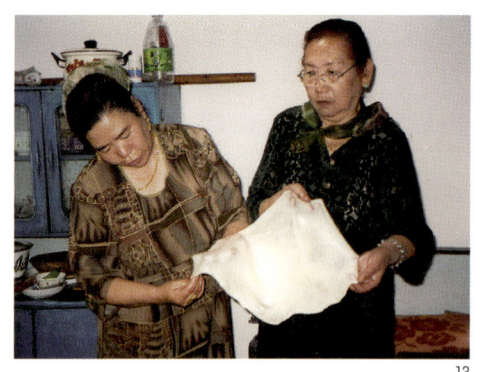

13 ヤブマ③（小麦粉ドウを手で延ばしていく）（ハミ、2004）

14 ヤブマ④（小麦粉の皮に羊油を塗る）（ハミ、2004）

15 ヤブマ⑤（小麦粉の皮で食材を覆う）（ハミ、2004）

16 ヤブマ⑥（小麦粉の皮を何重にも覆う）（ハミ、2004）

うど鍋全体を覆うくらいの大きさまで広げて、鍋の中の食材を覆うように、何枚も重ねていく〔写真13、14、15〕。1人2～3枚で、家庭用では20枚くらい重ねるのが普通で、人数によっては、50枚くらい重ねることもあるという。皮には羊油を塗って、後で1枚1枚とれるようにしてある。この状態で、蓋をして15分間、強火で煮る〔写真16〕。かまどの強火で煮るのが一番おいしいそうだ。小麦粉の皮で何重にも重ねていることで、食材は蒸し煮の状態になって、早く味が浸透する効果があると思われる。出来上がると、まず小麦粉の皮を1枚ずつ取り上げて、皿に盛っていき、具材は別の皿に盛付けて供される。とてもダイナミックな料理である〔写真17、18〕。

　日本でもシシカバブの名前でよく知られている、羊肉の串焼きである「カワプ（グシカワプ）」は、家庭の日

第 5 章
ウイグルの食生活と栄養

常料理というよりは、食堂や屋台で食べる料理という色合いが濃い〔写真19〕。羊肉の串焼きだけでなく、鳩の串焼きである「キャピテルカワプ」〔写真20〕や、魚の串焼きである「ビルックカワプ」〔写真21〕も食堂で売られていた。

　羊は、肉だけでなく、内臓も料理に使われる。ホータンのレストランでは、羊の腎臓の串揚げの料理があった〔写真22〕。「ウッケイスップ」は、羊の肺と腸を使った料理（屋台で5角、約7円）で〔写真23〕、「ウッケイ」は肺、「スップ」は腸を意味する。肺の中には、小麦粉の練り物を詰めて、腸の中には米、野菜、肉などを詰

17　ヤプマ⑦（小麦粉の皮を一枚ずつ取り出し、皿に盛る。手前は豆のスープ［スイカシ］を作っている）（ハミ、2004）
18　ヤプマ⑧（ハミ、2004）
19　屋台でカワプを作る男性（ハミ、2004）
20　鳩の串焼き（キャピテルカワプ）（ホータン、2005）
21　魚の串焼き（ビルックカワプ）（ホータン、2005）

22 羊の腎臓の串揚げ（ホータン、2005）

23 羊の肺と腸を使った料理（ウッケイスップ）（ホータン、2005）

めて蒸し、タレをかけて食する。5角と安価であることもあってか、子供たちが屋台の周りに集まって、買い求めている姿が見られた。

（3．乾燥果実・種実類）

　新疆・ウイグル自治区の、降水量が少なく、寒暖の差が大きいという気候は、果実類の栽培に適している。ブドウ、ウリ、スイカなど、甘い果実が豊富である。さらに、乾燥地帯という気候を利用して、果実は乾燥果実として保存される。生の果実は、水分が80％以上と多く、微生物の繁殖による腐敗が起こりやすいが、乾燥することによって果実の水分含量が低下すると、微生物の繁殖や酵素活性を抑制することができ、貯蔵性を高めることができる。また、乾燥中には、タンパク質や多糖類の変性による物性の変化や、アミノ酸と糖による褐変などがおこり、生の果実とは異なった風味や物性をもった食品となる。代表的な干しぶどうをはじめとして、干しウリ、干しあんず、干しいちじく、干しなつめなど、種類も多い〔写真24〕。ハミの農家では、なつめ（チラン（qitan））を天日に干して、乾燥なつめを作っていた〔写真25〕。日本においては、万葉集に記述があり、平安時代には五菓（果）のひとつ、「干棗」として利用されていた。生のな

第 5 章
ウイグルの食生活と栄養

つめは、皮が焦げ茶色で、果肉は白く、さくさくとした歯ざわりである。収穫時に生食されるほかは、大部分は乾燥させて保存するとのことであった。干したなつめは、そのまま食したり、ジャムを作ったり、スープにいれたりしており、体に良い食品であると考えられているようであった。また、干しぶどう、干しあんずは、生の果実が手に入らない冬のポロに入れて食べることが多いということであり、新疆の長く厳しい冬期の栄養補給に、乾燥果実は必須であると思われた。アーモンド、くるみ、ナッツなど、種実類も豊富である。

　乾燥果実や種実類の栄養成分について、表1にまとめた。分析用に現地から試料を持ち帰ることが困難であるため、表中の値は「五訂増補日本食品標準成分表（2005）」から抜粋したものである。表に示した3種類の乾燥果実は、いずれも炭水化物（糖質）が70％以上を占める高エネルギー食品であり、カリウムの含量が高い。カリウムは、高血圧の原因となるナトリウムの排泄を促進し、血圧の上昇を予防する無機質で、カリウムの摂取は、高血圧・脳卒中の予防効果をもつ。さらに、干しあんずは、ビタミンA（視覚機能、粘膜保護作用に関与）を、干しなつめは葉酸（赤血球合成や胎児の正常発育に関与）や食物繊維を豊富に含む食品である。表に示した2種の種実は、いずれも脂質含量に富む高エネルギー食品である。乾燥果実と同じように、カリウムが豊富であるうえに、カル

24　自家製干しぶどう（ハミ、2004）

25　干しなつめ（ハミ、2004）

表1 乾燥果実および種実中の栄養素量

		乾し葡萄	あんず(乾)	なつめ(乾)	アーモンド(乾)	くるみ(乾)
エネルギー (kcal)		301	298	287	598	674
タンパク質 (g)		2.7	9.2	3.9	18.6	14.6
脂質 (g)		0.2	0.4	2.0	54.2	68.8
炭水化物 (g)		80.7	70.4	71.4	19.7	11.7
無機質	ナトリウム (mg)	12	15	3	4	4
無機質	カリウム (mg)	740	1300	810	770	540
無機質	カルシウム (mg)	65	70	65	230	85
無機質	リン (mg)	90	120	80	500	280
無機質	鉄 (mg)	2.3	2.3	1.5	4.7	2.6
ビタミン	ビタミンA (mg)	11	5000	7	8	23
ビタミン	ビタミンE (mg)	0.5	1.4	0.1	31	1.2
ビタミン	ビタミンB_1 (mg)	0.12	0	0.10	0.24	0.26
ビタミン	ビタミンB_2 (mg)	0.03	0.03	0.21	0.92	0.15
ビタミン	ビタミンC (mg)	Tr	Tr	1	0	0
ビタミン	葉酸 (mg)	9	10	140	63	91
食物繊維 (g)		4.1	9.8	12.5	10.4	7.5

(五訂増補 日本食品標準成分表(2005)より抜粋して作成)

注1) 可食部100gの含量として表した。
注2) ビタミンA量はβ-カロテン当量、ビタミンE量はα-トコフェロール量で表した。
注3) Tr：含まれているが、最小記載量達していないことを示す。

シウム、リンも多く含んでいる。カルシウムとリンは、骨代謝に必須のミネラルで、骨粗鬆症の予防効果をもつ。また、アーモンドには、強い抗酸化活性をもつビタミンEが、豊富に含まれている。

(4. 婚礼の料理)

　ハミでは、結婚式当日の花嫁の家を訪問する機会に恵まれた。お祝いに訪れた人は、玄関で花嫁の家族に挨拶をすると、男女別々の部屋に通される。男性は、女性よりも早くお祝いにくるのが普通で、夫婦でお祝いに来る場合でも、夫だけが早い時間に訪問することが多いという。また、夫婦または男女が一緒に訪問した場合でも、同室することはない。部屋に敷かれた長座布団に座ると、お茶や果物、お菓子、ポロが次々と出される〔写真26、27、28〕。ポロは、普段は使用しない釜戸の大鍋で作られていた。訪問した家では、料理人を雇って、100人前くらいのポロを豪快につくっていた〔写真29〕。お祝いに来た人たちは、振舞われた料理を食べると、長く滞在することなく、また花嫁にも会うこともなく、帰っていくとのことであった。このように、入れ替わり立ち代りお客が訪問し、その都度新しい盛られたポロとお菓子・果物が出される。花嫁は、別室で友人たちと過ごしていた〔写

26　結婚のお祝いに来た女性達（ハミ、2004）

27　結婚のお祝いに来た女性達（ハミ、2004）

28　お客に出される果物・菓子（ハミ、2004）

29 大鍋でポロを作る男性（ハミ、2004）

30 友人と談笑する花嫁(中央)（ハミ、2004）

真30〕。私たちがお祝いの挨拶をすると、華麗な踊りを披露してくれた。午後になって花婿側の迎えがやってくると、親戚の人と一緒に花婿の家へ行くという。そして、レストランに場所を移して、花婿から花嫁に送られた品物が皆の前で披露が行われたあと、パーティーが開かれるという話であった。午後の行事には、花嫁の両親は出席することはなく、花嫁は実家で両親との挨拶をすませて、嫁いでいくことになるということだ（結婚儀礼については第1章参照）。

II ウイグル族の日常の食生活

　ホータン地区の民家において、1日の平均的な食生活について聞き取り調査を行った。朝食、昼食、夕食のそれぞれに、どのような料理を食べているのかについて聞き取った内容を、表2にまとめた。軒数も少なく、地区も限定されているので、ゆるやかな調査ではあるが、ウイグル族の日常の食生活について紹介する。

　A（男性、94才）が居住するホータン県トサラ郷ドジェック村は、長寿村と呼ばれる地区で、現在Aが最も長寿であるという〔写真31〕（第2章、写真14参照）。ウイグル

表2　日常の食生活

	朝　食	昼　食	夕　食
A（男性、94才） 元農業	7時 お茶とナン、	12時〜13時 お茶とナン、ポロ、 ラグマン、マントウ	19時 お茶とナン
B（男性、65才） 元小学校教師	7時 お茶とナン、 時々野菜炒めやサラダ	12時〜13時 コナックアシュ、 ラグマン、ポロ	18時 お茶とナン、スユクアシ
C（女性、27才） 小学校教師Bの娘	7時 お茶とナン、 時々野菜炒めやサラダ	12時〜12時45分 近くの食堂でポロ、ラグマン、時々家からお茶とナンを持参	18時 お茶とナン、スユクアシ
D（男性、40才） 商売	7時半 お茶とナン、カクチャ、 時々乳茶	12時〜13時 ポロ、ラグマン、 白飯と野菜炒め	19時 スイカシ、 肉が入ったおかゆ
E（女性、66才） 帽子作り	7時 ナン、カクチャ、 葡萄などの果実、くるみ	12時〜13時 ポロ、ラグマン、 ナンと野菜炒め	19時 お茶とナン、スイカシ
F（女性、21才） アトラスシルクの機織り	8時までに ポロ、ラグマン	12時〜13時 お茶とナン	18時 お茶とナン、スイカシ、 ラグマン

族では、男性では80才以上の人を、女性では70才〜80才の人を長寿と呼ぶとのことであった。3年前まで農業を営み、麦、高粱、綿を作っていた。Aの基本的生活時間は、朝4時頃に起床し、モスクへお祈りに出かけた後、7時頃に朝食、12時〜13時に昼食、19時に夕食をとって、21時までには就寝すると話してくれた。食生活で気をつけていることは、朝食は脂っこいものを取らないこと、昼食はしっかりとって、夕食は簡単にすることであったが、長寿の秘訣との問いには、悩みをもたないことという答えであった。

31　A（向かって左から二人目）の家族（ホータン、2005）

　Bは元小学校の教師（男性、65才）で、同じく元小学

32 コナクアシュ（ホータン、2005）

33 スユカシ（ホータン、2005）

34 ブルチャックアッシュ（トルファン、2005）

35 Dの家族（ホータン、2005）

校教師の妻と、現在小学校の教師をしている娘C（27才）と3人で暮らしている。Bは、4時半頃に起床、お祈りをしたあとに家畜の世話、7時から朝食、12時〜13時に昼食をとる。昼食では、健康のために「コナクアシュ」や、麺料理のラグマン、ポロを食べるとのことだ。18時からの夕食では、お茶とナン、そして消化のよい「スユカシ」をよく食べると話してくれた。「コナクアシュ」は、とうもろこしのスープのことで、とうもろこしの粉を、ほうれん草、トマト、かぼちゃなどの野菜と煮てつくる汁物である〔写真32〕。「スユカシ」は、汁のある麺料理で、日本の煮込みうどん風のものである〔写真33〕。これに豆が入ったものは「ブルチャックアッシュ」という〔写真34〕。麺を入れずに、豆と野菜で作ったスープは、「スイカシ」という。

　同居する娘Cは、5時半頃に起床、お祈りの後、家族と一緒に朝食を取り、仕事に出かける。小学校は、8時から12時までの4時間が午前の授業、昼食をはさんで、13時から15時までが午後の授業という。昼食は、近くの食堂でポロやラグマンを食べるが、家からナンとお茶を持ってきてたべることもあるそうだ。午後の授業が終わると、帰宅して夕食の準備を手伝い、18時から家族みんなで

夕食をとる。食事作りの手伝いは、9歳の頃からしていて、得意料理はポロ、ラグマンであると話してくれた。

　D（男性、40才）は、父親を手伝って、弟と一緒に農業と牧畜に従事するほか、バザールで布の商売もしている〔写真35〕。Dの生活時間は、次のようであった。4時半に起床してお祈りをしたあとに、羊の世話をする。6時半に朝食をとった後は、バザールがある日は商売で出かけるが、なければ農作業（水稲と麦を作っている）を行う。12時から13時に昼食をとり、午後は牧畜の仕事をして、夕食は19時ごろに食べる。Dの夫婦は、両親とは同居しておらず（弟夫婦が同居）、近くに住んでいるが、ほとんど夕食は、両親の家で一緒にとるという。夕食では、消化のよいスイカシや肉のはいったお粥を食べるといっていた。両親の家では、2週間に1回程度、カクチャ、トムナン（いずれもナンの種類）を焼くということだが、Dの家で食べるものを分けて持って帰るそうだ。

　E（女性、66才）は、小さい帽子（タルペック）を27才の時から作っているという〔写真36〕（第4章、写真26参照）。4時ごろに起床し、お祈りの後、家事や羊の世話をし、7時から朝食を食べる。夏はぶどうを、冬になるとくるみを一緒に食べるという。その後、昼食をはさんで、1日7〜8時間帽子作りを行う。夕食は、お茶とナン、時々はスイカシやくるみ、ぶどうを、家族みんなで食べると話してくれた。この家では、近所の家のトヌールを借りて、1ヶ月に1回、ナン（カクチャ、トムナン、トカシ）を50〜60枚焼いているとのことだった。帽子作りの手伝いをしていたEの娘は、10才ころから料理の手伝いをしていると話してくれた。前出のCもそうであったが、女

36　E（向かって左）と娘（ホータン、2005）

37 機織りをするF（ホータン、2005）

の子は9～10才になると、母親の手伝いを始めて、料理を覚えていく。これは、母親が娘に対して責任をもって行う、大切な家庭内のしつけであり、その様子はこれまで訪問した多くの家庭でも、見聞きすることができた。

F（女性、21才）は、ホータン市内に居住し、夫の父が経営するアトラスシルクの工房で機織をしていて、2才の子供がいる〔写真37〕（第4章、写真2～4参照）。Fは、いつも5時頃に起床し、お祈りや庭の掃除をした後、8時までには朝食を終えて、昼食をはさんで夕方まで、アトラスシルクの機織や糸紡ぎの仕事をする。夕食は、同居する夫の妹（16才）と2人で準備することが多いという。この家では、ナンはほとんど購入すると話していた。

A～Eは、ホータン地区の農村地帯（ホータン県、カラカシ県、キリヤ県）、Fはホータン市内と、居住する地域に差があるものの、食生活のスタイルに共通点を見ることができた。まず、小麦粉を使った料理が1日の食事の多くを占め、ウイグルの人たちの主なエネルギー源（炭水化物源）は、小麦であると考えられた。また、主食・副食といった区別がない食事スタイルでもあった。1日のうちでは、昼食をしっかり取り、夕食には消化のよい汁物（豆や麺が入ったスープ）を取ることが多い傾向で、健康を考えた食習慣をもつことが窺えた。

2001年～2005年の間に計4回、新疆・ウイグル自治区を訪問して、民家訪問を中心とした聞き取り調査を行ってきた。ウルムチ、カシュガル、イーニン、ハミ、ホータンを訪れたが、食文化についての地域差を明らかにするまでには至らなかった。しかしながら、地域で生産し

たものを、地域の伝統的な方法で加工調理して、地域で消費していくという、いわゆる地産地消型の食生活を営んでいることを見ることができた。また、民族の食文化は、母親から娘へ、そしてその子供へと、家庭内のしつけ教育のなかで、自然と伝承されていることもうかがえた。かつて日本においても、地域独特の伝統的食文化を継承していたが、欧風化により日本人の食生活が大きく変化した。その結果、食生活に起因する各種健康障害が社会問題になり、近年改めて日本人型の食生活が見直されようになってきている。新疆の社会的・文化的環境変化の中、伝統的な生活様式にも変化が生じてくると思われるが、ウイグル族の食文化はどのように守られ、あるいは変化していくのであろうか、興味深い。

文献
① 文部科学省　科学技術・学術審議会　資源調査分科会　報告『五訂増補日本食品標準成分表』(2005)
② 岩崎雅美編『中国・シルクロードの女性と生活』東方出版(2004)
③ 水谷令子・清水陽子編著『女たちが究めたシルクロード―その国々の生活文化誌―』東洋書店（2005）
④ 『食材図典Ⅰ・Ⅱ』小学館（2001）

第 6 章

ウイグルの住まいと生活の特徴
住み心地

久保博子
Kubo Hiroko

はじめに

　2000年から2005年までの6年間、首都のウルムチをはじめ、カシュガル、ホータン、イーニン、ハミなど自治区各地を訪れ、少数民族の人達の住まう集合住宅8軒、伝統的住宅36軒の民家を訪問することができた。我々が訪れた民家は、新疆大学の教員、市の婦女連合会などのつてを頼った訪問であったため、その地域でも模範的な家庭であったり、経済状態の高い住居が多かったように思う。それは、室内の調度や装飾の美しさ、住居内にみられた様々な耐久消費財からも伺え、平均的な庶民の生活とは言えないかもしれない。しかし、6年間の訪問で、新疆の伝統的な民家とその生活への気候風土と宗教・文化の影響を随所で認識し、同時に地域的な特徴を認めることができた。本章では北疆でカザフ（ハサク）族が比較的多く水に恵まれたイーニンと、中国中原地帯からの入り口である東疆のハミの様子を中心に述べつつ、ウイグル人の伝統的な民家の特徴と、そこで彼らがどのように生活しているかについて見ていきたい。

I
イーニンとハミの気候風土的特徴

　新疆ウイグル自治区は、ユーラシア大陸のほぼ中央に

第 6 章
ウイグルの住まいと生活の特徴

127

位置し、タクラマカン砂漠、ゴビ砂漠がある乾燥した大陸性気候の地域で、寒暖の差が激しく雨量が少ない。タクラマカン砂漠の南側は特に雨量が少なく砂漠地帯が広がり、北側のテンシャン山脈はやや雨量が多く、草原地帯が広がっている。北に位置するイーニンは北側にアルタイ山脈、南側にコキルチャン山脈とコルホン山脈に囲まれた、イリ川沿いに位置する都市である。イリ川はテンシャン山脈を水源とし、カザフスタンのバルハシ湖に流れ込む、年間水量1億557万㎥を誇る新疆では最も水量の豊富な川である。訪れた時期にも、なみなみと水をたたえたイリ川がゆったりと流れ、街路にはポプラ並木など緑が溢れており、水資源が豊富であることがわかった。密集した市街の中心部の住宅地域では、街路にほとんど緑の無いカシュガルとは対照的である〔写真1〕。新疆の中では降雨量は多い方であるが、年間250mm程度で、どの月も30mmもない地域である。また北緯44度付近と緯度が高いので、夏期は平均気温が22℃と比較的涼しいが、冬期には平均気温が－15℃、最高気温も氷点下になり寒くなる〔図1〕。周辺は新疆で最もカザフ族の多い、イリカザフ自治州があり、その州都であるが、イーニン市ではカザフ族よりウイグル族の方が多く、最も多いのは漢民族である〔図2〕。南疆

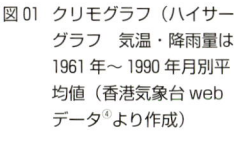

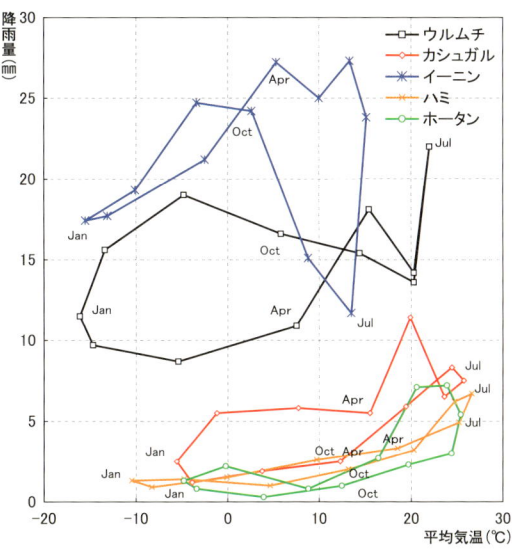

01　イーニン市の屋上からの写真（イーニン、2002）

図01　クリモグラフ（ハイサーグラフ　気温・降雨量は1961年～1990年月別平均値（香港気象台webデータより作成）

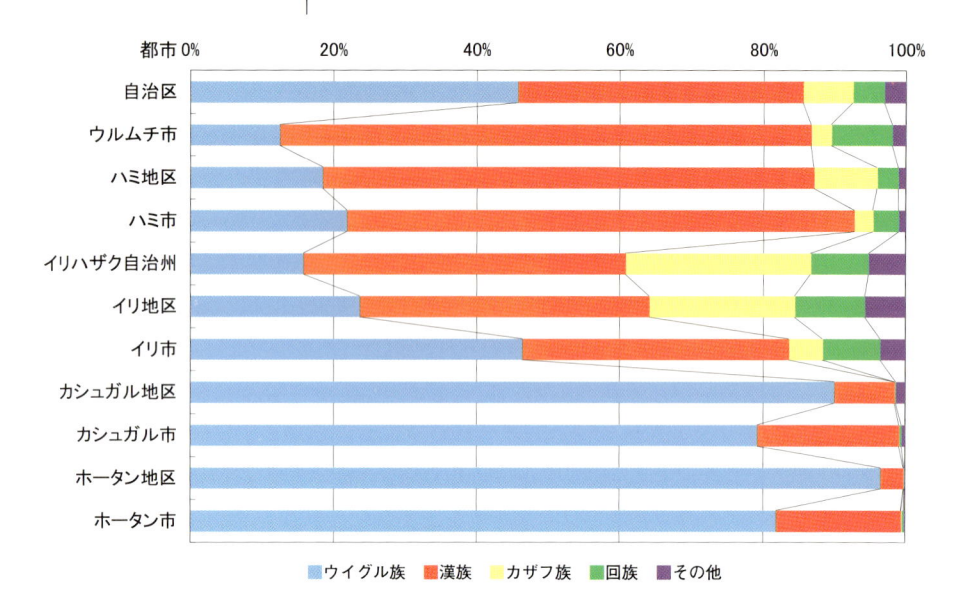

図02　新疆の民族比率（新疆年鑑より作成）[3]

では都市部でもウイグル族の比率が高いが、北疆、東疆では、漢民族が流入し、都市部は漢民族の比率が高くなっている〔図2〕。

　ハミは新疆自治区の最も東側に位置し、北側のテンシャン山脈南端に位置する。タクラマカン砂漠の東端のトルファン盆地の北西に当たり、気候的には降雨量は少なく、夏期は暑く、冬期は寒くなる。シルクロードへの入り口である敦煌などのある甘粛省に近く中国中原地域との交通路にある。漢代から北方の遊牧民族と漢民族との衝突点となり、漢、隋など多くの王朝で城など拠点を築き、軍を置いた。現在でも西安からカシュガルに至る鉄道の1中心点にあたる。そのため、7割を漢民族が占め、ウイグル民族はハミ地区では18.5％、ハミ市で21.8％を占めるのみである。ハミ市の中心部は開発が進み、ビルの間を広い道路がまっすぐにのびていた。住宅地の街路は古い地区では土色の土塀が、新しい地区では白い土塀が続いていた。

第6章
ウイグルの住まいと生活の特徴

Ⅱ 街路と住居周り

　乾燥気候の新疆では、屋外の自然は親しむべきものと言うより、排除するべきものなのであろう。しかも、古くから多くの民族が行き来し、勢力抗争を繰り返してきた歴史を持つ地域である。地域によりそれぞれ特徴があり差はあるが、個々の住居は高い土塀に囲まれていて、街路に対して閉鎖的である。門が壮麗で美しく、その内部は大変美し整えられているにもかかわらず、街路からは伺えない。ここには気候風土や歴史的な影響だけでなくイスラム建築の伝統も見ることができる。モスクなどイスラム建築でも、外部に向かって、門や尖塔やドームなど外観を誇示する傾向が無いわけではないが、むしろ中庭や室内内部の装飾など人間を取り囲む空間を見せ場にし、美しく快適にしようとする傾向があるといわれている。また、イスラム教が公と私を区別することから、私的空間と公的空間を明確に分けるようになったことも関係していると考えられている。

　南疆のカシュガル市の中心部では、細い街路が迷路のように複雑に入り組み、二階部分が街路にまではみ出しているところもある。同じような土壁が延々と続く中に

02　イーニン市街の街路の並木と住居（イーニン、2002）

03　イーニン市街の玄関（B邸）印象的な青い窓（イーニン、2002）

04 ハミ市街の街路（ハミ、2004）

茶色の扉があるが、街路に向いた窓はまず無い。一つずつの住戸は隣家と接して入り組み、どこまでが１つの家かわからないほどである⑦。

　イーニンでは、都市部の住宅地でも整然としていて、街路にはポプラ並木と水路があり、緑豊かである。その奥には街路に向かって美しい窓が向けられている。タイルや装飾を使った華麗な門や中央アジアに多いモスクの「聖なる青」⑥を思わせるトルコブルーに彩色された窓などもあり、一軒一軒の住戸の区切りもよくわかった〔写真2、3〕。

　ハミでは、街路は比較的広く、土壁の続く街路がまっすぐ延びていた。しかし、街路から見える装飾は少なく、門も比較的簡素であった〔写真4〕。新疆のどの地域でも農村部では、家の前に水路が流れ、道の周りにはポプラ並木や葡萄並木のある街路が多かった。

Ⅲ
住居構造への気候風土の影響

　街路より門を入ると、緑豊かな中庭が開け、タイルやレンガなどできれいに舗装され、葡萄棚や果樹が多く植えられていて、美しい空間が広がっている。ウイグルの伝統的な住居は、基本的に中庭を中心に広がるコートハウスである。30cm〜50cmほどの厚さのある日干しレンガや焼きレンガを主とした壁と、フラットルーフ（陸屋根）を持つ住居である。街路に面している土塀のように見えているのは、それぞれの住居の分厚い壁である。フラッ

第 6 章
ウイグルの住まいと生活の特徴

トルーフなので、街路側からは、屋根面は見えず、とゆや煙突が見えるのみである。

　イーニンやハミの伝統民家も、基本的には新疆の他の地区とほとんど変らない。イーニンでは防寒対策と見られる、窓の外側に扉のついた2重窓〔写真5〕や壁厚が60cm近くある家も見られた。なにしろ冬期には平均気温が−15℃になる寒冷地帯である。また、新疆では初めて傾斜屋根を目にした。寄せ棟の屋根もあった〔写真6〕。寄せ棟屋根が古い民家ではなく、新築の民家に散見されたことや、前述のように、降雨量が多いとはいえ年間に200mm程度であることより、屋根の形状は降雨量の影響というより、別の要因と考えるべきであろう。カザフ民族の比率が比較的多く、貿易等による文化交流も多いことから、西方や北方のロシアの影響ではないかと思われる。

05　住居の外観1（A邸）2重窓が見られる（イーニン、2002）

06　住居の外観2（C邸）寄せ棟の屋根（イーニン、2002）

Ⅳ 夏の生活の中心・中庭の使い方

　ウイグルの民家では、中庭は様々な生活行為の行われる多目的空間である。床はレンガやタイルで舗装されている場合が多く床のようで、屋根のように葡萄棚があった。夏期には中庭で炊事、食事、接客、睡眠など様々な生活行為が行われる生活の中心である。カシュガルでは、中庭を取り囲むように重層的に地下や2階、中2階の部

07 中庭の緑陰（D邸）(ハミ、2004年)

08 中庭での接客（E邸）(ハミ、2004)

図03 ハミの民家の平面略図（D邸）

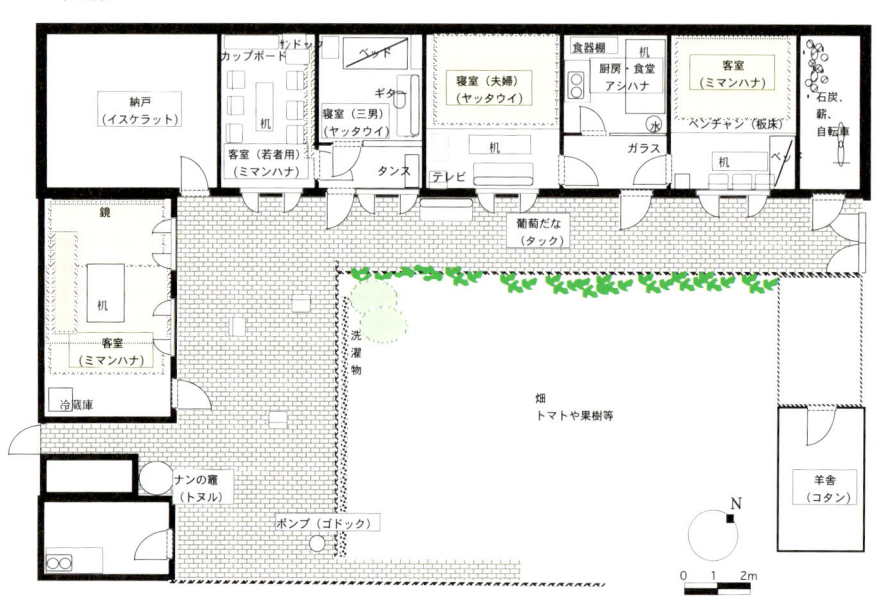

屋が取り囲み、スーパーと呼ばれる縁台が張り出していた。⑦

　ウイグルの住居には、日本家屋のような玄関はない。これらの居室にはそれぞれ中庭に面した扉があり、そこから居室に入ることになる。ハミでは、中庭に面して一列に居室が並ぶⅠ型の居室配置や、Ⅰ型配置の発展型の奥が折れ曲がったＬ型間取りが見られた〔図3〕。カシュガルやホータンのようなスーパーと呼ばれる縁台は見ら

第 6 章
ウイグルの住まいと生活の特徴 | 133

れなかったが、椅子や机、ベッドが置いてあり、そこに腰掛けて話し込む様子が見られた。5月から10月の夏期には食事や接客もここで行うのとのことで、レンガが敷かれた床と葡萄棚の屋根を持った居室のようであった〔写真8、図3〕。ハミの住居は窓ガラスが豊富で、2重窓の外側も木の扉ではなく、ガラスの住居もあり、前室から奥の部屋への壁に窓のようにガラスがはめこんであり、中庭から奥へ続く部屋も明るかった。10cm角程度の穴を開けただけの天窓のある住居もあった。さすがに雨がほとんど降らない地域である。

　イーニンでも、門を入ると一列に居室が並ぶI型の間

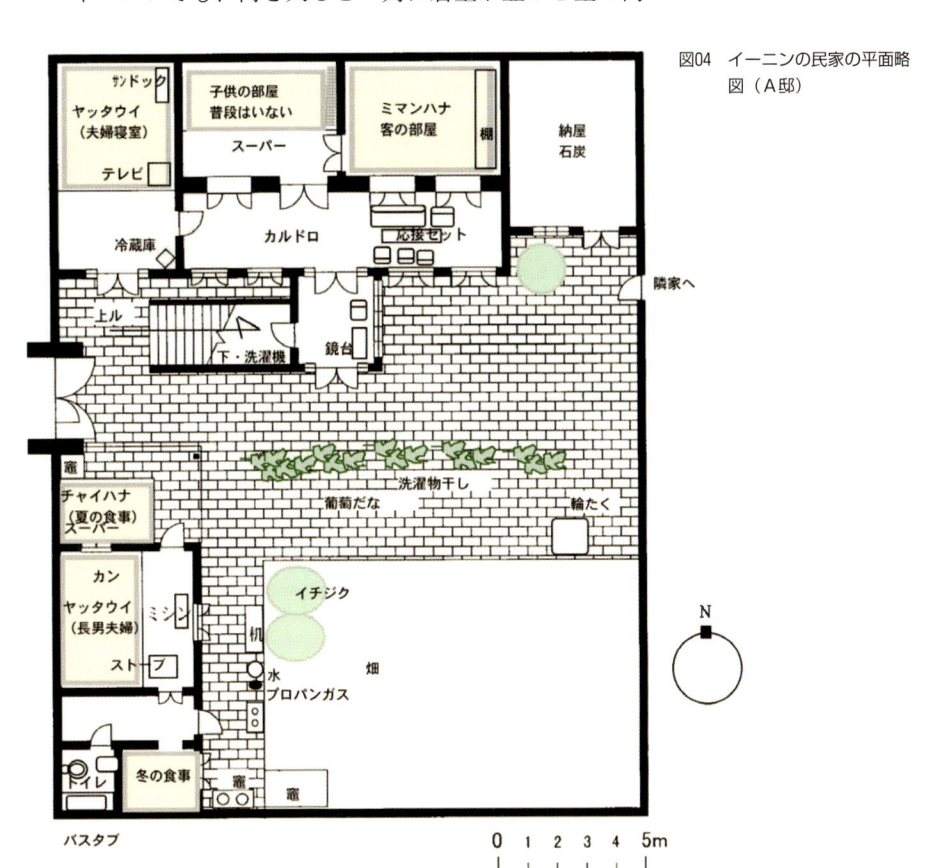

図04　イーニンの民家の平面略図（A邸）

09 カルドロの外観（F邸）（イーニン 2002）

10 地下の洗濯室（A邸）（イーニン、2002）

11 アトリウム様のカルドロの内部（G邸）（イーニン、2002）

取りが多かった。中庭を囲んで、奥の方にも部屋があるL型やⅡ型の配置のもあった〔図4〕。居室はカルドロと呼ばれる欄干のある廊下を介して中庭に面していた〔写真9〕。カルドロは、中庭から階段が数段上がることが多かった。カルドロに上がる階段が10段程度ある場合もあり、入り口が高く玄関のような空間になっているものもあった〔写真12〕。純粋な2階建ての住戸は見なかったが、高い床下のスペースは主に半地下室として様々な収納庫に使用されていた。洗濯室やトイレなどサービス空間として使用されている場合もあった〔写真10〕。それ以外の地下室は訪問した夏期にはあまり使用されていないようであったが、ストーブやカンが設置されていて、冬には寝室に使用するとのことであった。地下なので、冬期でも比較的暖かいと考えられる。しかし、夏の昼間でも大変暗い空間であった。

裕福な貿易商や医師の新築住居を訪れることができたが、イスラム的というよりは西洋風な洋館という印象を受け、新疆の西への玄関口としてロシアの影響を伺わせた。カルドロの部分は大きなガラス窓に覆われており、アトリウムのような空間になっていた〔写真11〕。階段を上ったところで靴を脱

第 6 章
ウイグルの住まいと生活の特徴

ぎ、カルドロの床には絨毯が敷かれ、屋内の廊下空間となっていた〔写真12〕。階段上部は上がりかまちや靴を脱ぐたたき空間はなかったが、階段を上ったところは玄関のような機能を持っていた。

イーニンの家屋の特徴として、チャイハナ（お茶の部屋という意味）がある。チャイハナはⅠ型の主棟の居室と中庭を挟んで、向かい側に独立棟としてももうけられており、夏専用の厨房と食堂を兼ねあわせた機能を持つ部屋である。簡単な接客も行われる。構造としては屋根のない壁とちょっとしたひさしのあるものから、扉はないが、壁と屋根で囲まれている半戸外空間のもの、窓で囲まれて、別棟の居室様の室内空間になっているものまで様々であった〔写真13、14、15〕。位置

12　洋館風の玄関のようになったカルドロ（A邸）（イーニン、2002）

13　屋外のチャイハナ（H邸）屋根も壁もない夏の厨房、食事をするところは葡萄棚の下に別にある（イーニン、2002）

14　半屋外のチャイハナ（A邸）屋根はあるが壁がない（イーニン、2002）

15　屋内空間のチャイハナ（I邸）窓ガラスで囲まれている（イーニン、2002）

16 チャイハナの調理器具（I邸）（イーニン、2002）

も門の近くにある場合やより奥の方にある場合など様々であった。食事スペースはスーパー（縁台）になっており、円卓や四角い机が置かれていることが多かった。厨房機器は薪を使用するかまどであることが多かった〔写真16〕。

　夏と冬の住まい方は大きく変化し、それぞれの季節に最も快適に生活できる場所に移動する。同じ部屋でしつらえや住まい方を変えて生活している日本人からすると、奇異に感じるが、夏と冬の寒暖差が大きく、空間的な余裕があるこの地域の住まい方としては、合理的な対処の仕方であるといえる。その時期に最も過ごしやすい所に移動するのである。ウイグル族はもともと遊牧民で、カザフ族やモンゴル族に比べ、早い段階に定住したとされるが、これは遊牧民の生活の伝統と言えるかもしれない。

V
床に座る生活（起居様式）

　ウイグル人の伝統的な起居様式は床座である。床の上にむしろを敷きその上に絨毯を敷いた床が基本である。この上にさらに敷物を置いて、食物を並べ、その周りに長座布団を敷いて、胡座する。部屋の奥に上げ床のスーパーがしつらえてあり、30cm～50cm程度上がっている部屋と、そのままの高さで絨毯が敷いてある部屋とがある。スーパーはもともとサンスクリット語のストゥーパからきているという説もあり、四角い台状の床である。土のものが多いが、ハミやイリでは木（ベンチャン）のものもあった。昔は土だったが、木の方が簡単にできるからとのことだった。土製のスーパーには冬期の暖房として

第 6 章
ウイグルの住まいと生活の特徴　137

床暖房のカンが設置されているものもあった。スーパーは大きな椅子あるいはベッドの機能を持った組み込み式の家具のようにも見えた〔写真17、18〕。

ハミの伝統民家では、訪れた4軒すべてのミマンハナ（客間）で、ベンチャンでの床座と向かい合う形で、入り口側の土間の所に椅子と机が置いてあった。私たち客がベンチャンに長座布団を並べて床座し、居住者家族が椅子座する形であった。さらに、ハミでは応接セットを備えたミマンハナが別室にある場合が多かった。各地（カシュガル、イーニン、ハミ）でテーブルと椅子を用いた、椅子座も増えてきており、応接セットを備えたミマンハナや食卓が見られた。裕福な家庭では椅子座が増加しているようである〔写真19、20〕。

2001年にカシュガルでの20軒の聞き取り調査結果でも、

17　ミマンハナ（J邸）ベンチャン（ハミ、2004）靴を脱いで胡座

18　ミマンハナ（J邸）ベンチャンの向かい側のたたきにソファがある（ハミ、2004）こちらは土足

19　ミマンハナ2（J邸）洋風のソファーセット（ハミ、2004）

20　ミマンハナ3（A邸）洋風のリビングセット（イーニン、2002）

食事や接客で床座のみの住居は半数を切っており、何らかの形で椅子座と併用していることがわかる。就寝にもベッドが増えている。接客では椅子座のみという家庭も15％あり、西洋化が進行しているようである。[6]

VI
靴はどこで脱ぐのか（履床様式）

　床座が基本の室内では、靴を脱ぐのが普通である。前述のカシュガルの調査でも靴を全く脱がない家は見られなかった。しかし、ウイグルの住居には、日本家屋のような玄関に上がりかまちや靴を脱ぐためのたたきがあるわけではない。中庭からつながるそれぞれの部屋の入り口で靴を脱ぐことになる。あるいは中庭から前室を介して居室にはいる場合は前室で靴を脱ぐ。しかし靴を脱ぐ場所が日本のように家屋の構造として決まっているわけではなく、基本は絨毯の敷いてあるところには靴を脱ぎ、敷いてないところでは靴を履くということである。室内いっぱいに絨毯が敷いてあれば、部屋に入る手前の扉ところで靴を脱ぎ、部屋に一部敷物が敷いてないところがあれば、そこで靴を脱ぐ。カンやベンチャンに上がる前に靴を脱いで上がることになる。

　応接セットがある椅子座の部屋の場合はどうするのであろうか。絨毯の上に椅子と机があれば、当然靴は脱ぐことになる。しかし、部屋に絨毯が敷いてない部屋であれば、靴を履いたままである。ビニールクロスやタイルの床に整備されている場合でもである。

第6章
ウイグルの住まいと生活の特徴　139

Ⅶ 布団かベッドか（就寝様式）

　就寝時の寝具は起居様式と大きく関わる。ウイグル人達の就寝はカンの上に敷き布団と掛け布団で寝る様式である。ピーカンや部屋のすみに美しい模様のカバーを掛けた布団が積んでおいてあった〔写真21、22〕。主寝室といった言葉は無いと言うことであったが、夫婦と幼い子の寝室、娘達の寝室、息子達の寝室というような就寝形態である。日本の戦前と同様「集中寝」や「同性同室寝」である。しかし、多産のウイグル人も、1988年「新疆ウイグル自治区少数民族計画出産規定」より計画出産が奨励されるようになり少子化が進行しており、子供達の寝室に個室化が見られた。これらの子供の個室や若い夫婦の寝室ではベッドが置かれていることが多かった〔写真23〕。ベッドが設置してある部屋ではカンがみられず、カンの上にベッドがある住居は見られなかった。

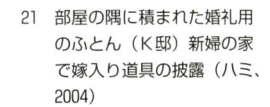

21　部屋の隅に積まれた婚礼用のふとん（K邸）新婦の家で嫁入り道具の披露（ハミ、2004）

22　タンスと布団（A邸）（イーニン、2002）

23　ベッドルーム（D邸）子供の部屋。枕元にはステレオセット、土足で部屋に入る（ハミ、2004）

Ⅷ
竈と水使用の意識（厨房設備）

　厨房設備としてかまどとガスレンジが同居していことがある。庭には、トヌルと呼ばれるナンを焼くかまどがあり（図4参照）、週に1度程度使用されている家もあったが、もうほとんど使用せず、市場でナンを買っている家もあった。厨房のかまどとガスレンジとの併用も見られ、伝統的な料理、あるいは多人数のときには火力のあるかまどを使用するというように、使い分けられていた〔写真24、25〕。燃料は農村部では羊など家畜の糞の燃料を使用している場合もあったが、主に冬に切られた葡萄の枝のような細い木が薪となると聞き取った。厳しい自然の中で、うまく資源を利用して燃料を調達している例である。

　乾燥地帯で大切な資源といえば水である。統計によると、どの都市も水道普及率はほぼ100％である。訪問したどの家庭にも水道は引かれており、さらに井戸のある家庭もあった。しかし、最も水を必要とするアシハナ（厨房）などに必ずしも水道があるわけではなく、庭など別にある場合も多かった。水道から水をアルミ製などの大きな瓶にまず溜め、そこからひしゃく、やかんなどを使い大切に使用している様子が伺えた〔写真26〕。

　手洗いの風習にも伝統的な水意識

24　厨房（D邸）ガスでの調理
　　（ハミ、2004）

25　厨房（E邸）かまどと水道
　　（ハミ、2004）

が見られる。接客時に客の前にタオルを肩に掛けてやかんとたらいを持ってくる。たらいの上で少しずつ細く垂らされた水で3回手をぬぐう動作をし、タオルで手を拭くのであるが、水を払い落とす手を振る動作をしてはいけない。普段水をじゃぶじゃぶと使う我々の感覚からは、手を洗うと言うにはあまりにも少ない水の量であった〔写真27〕。

　シャワーも農家ではあまり見られず、たらいの水で体を拭くのが一般的であるようだ。都市部でもシャワーの普及率は2000年で50％程度である〔図5〕。ましてバスタブを備えた浴室は、集合住宅でも珍しかった。

　イスラム教の礼拝を見る機会を得、その際の礼拝の前の身体を清める様子も見せてもらうことができた。手を3回ほど洗い、口、顔、頭、手、足など体中をきれいに水で清めるのであるが、すべてがじょうろ一杯分の水ですまされていた〔写真28〕。シャワー室にも、やかんやバケツなどが置いてあり、わずかの水を大切に使っている様子がうかがわれた。

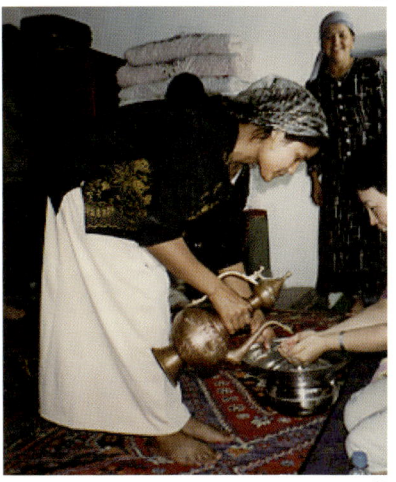

26　水容器（L邸）（イーニン、2002）

27　手洗い（L邸）（イーニン、2002）

28　身体を清める（D邸）（ハミ、2004）

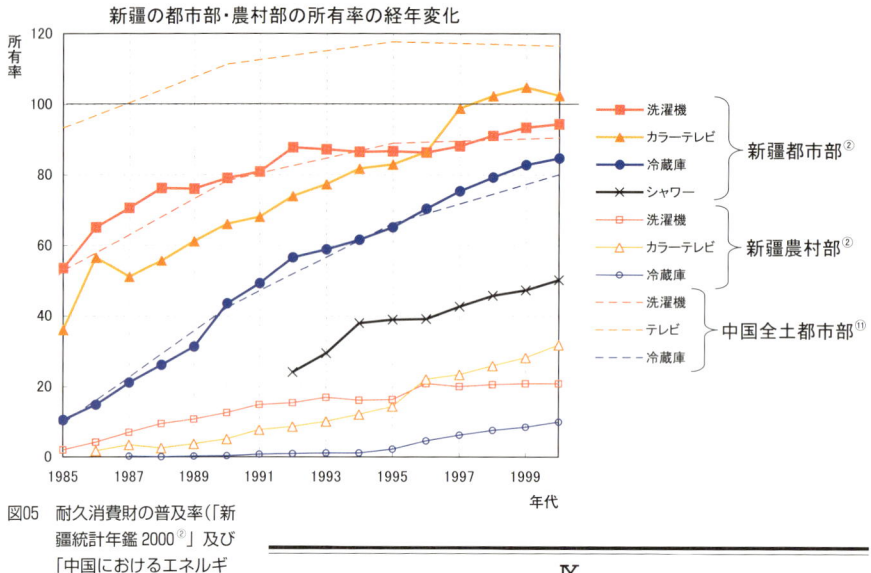

新疆の都市部・農村部の所有率の経年変化

図05　耐久消費財の普及率（「新疆統計年鑑2000[2]」及び「中国におけるエネルギー消費と居住環境問題[1]」より作成）

29　カンの焚き口（M邸）（イーニン、2002）

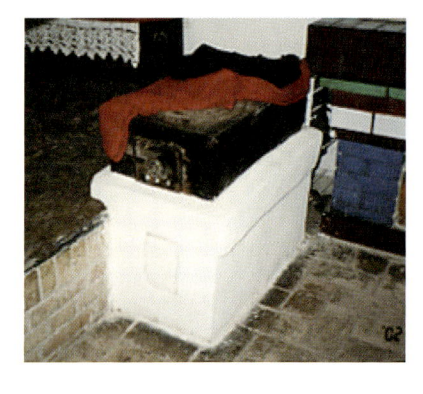

IX
燃料と冷暖房

　冬期にはどの家でも、石炭ストーブが見られた。燃料として薪を使うとの文献の記述やアンケート調査では薪ストーブを使用するとの答えもみられたが、訪問したカシュガルの伝統民家では全て石炭ストーブであった。燃料の石炭庫を持っている住戸もあった（図3参照）。伝統的には、暖房としてカンを使用するのであるが、石炭の方が火持ちがよいなどの理由でストーブが増えてきたようである〔写真29〕。カンにしてもストーブにしても、これらの火は炊事に使用される場合があり、やかんや鍋が掛けてあることが多かった。焚き口はオチャックと呼ばれアシハナ（厨房）にもしつらえてあり、そのまま冬期の食堂にも使われることが多いようであった。ハミではカンもベンチャンが多く、ストーブを使うと

のことであった。

　都市部の集合住宅では、各室の窓の下に放熱器があり、これは地域暖房で稼働期間は毎年だいたい10月15日～3月15日と決まっているようである。台所やサニタリーにも放熱器があり、家中が充分暖かいとの話であった。常時、室温は22～24℃、湿度30～35％で、かなり快適な気温である。

30　集合住宅の冷房室外機（ハミ、2004）

　新疆を訪問した最初の2000年はウルムチのみを訪れたのであるが、商店やホテルでも冷房装置はほとんど見なかった。年を経るに従い冷房もみられるようになり、2004年のハミでは集合住宅でかなりの数の冷房器具を目にした。今年は暑く、冷房器具を購入した家庭が多いとの話を聞いた〔写真30〕。新疆での統計資料はないのでわからないが、中国全土ではエアコンの所有率は1990年0.3％、2002年には51.1％と大幅に上昇しており、夏期の日中温度が高い南疆や東疆では今後も冷房使用率が上昇することが予想される。

X
室内装飾と家具・電気製品

　カシュガル、イーニンでは壁、天井、柱の装飾が美しい。中庭に面したカンとひさしを支える柱の装飾や天井の装飾、絨毯や掛け物の赤、カーテンの白、扉や窓の青がとても印象的である。どの家も美しく装飾されており、レースのカーテンやふとんや家具・収納にはレースなど装飾的な布で飾ってあった。布団や枕、長座布団のカバ

31 ミマンハナのカップボードや冷蔵庫（D邸）（ハミ、2004）

ーも金色を中心にした、とても鮮やかな模様が見られた。これら美しく飾り、居心地よくすることは女性の担当であるとの話であった。

　イーニンにはカシュガルに見られるような壁収納のテキチェ（壁龕・ピーカン）は見られず、食器などを収納するタンスだけでなく、大型の布団を収納するタンスなど収納家具が見られた（写真22参照）。

　ハミでは、絨毯や壁の周りに掛けられたザディワルと呼ばれる布やレース飾りは見られたが、壁、天井や柱などへの装飾はほとんど見られなかった。イーニンの装飾的な室内とは対照的である。住居自体の装飾よりも応接セットやカップボードなど家具や、冷蔵庫、ステレオなど電気製品が多いと感じられた〔写真31〕。地域的に漢民族との接触が多いのためか、訪れた伝統民家はどこも絨毯を敷かず土足のままはいる部屋が半分ほどあり、夫婦の寝室とミマンハナにベンチャンが配してあるのみで、そこにも、たたき部分にソファーや応接セットがあり、近代的な生活スタイルが浸透していると感じた。

　新疆全体の耐久消費財の所有率の統計（図5参照）からも、都市部の所有率は中国全体の都市部の所有率と同程度の上昇が見られる。これまでの訪問でもテレビはほとんどの家庭にあった。また、洗濯機や冷蔵庫も多くの家庭で見かけた。農村部ではかなり普及率が低いが、徐々に上昇してきている〔図5〕。

　しかし、冷蔵庫がアシハナ（厨房）ではなくミマンハナ（客間）にあるなど、室の機能からは異なる場所に設置されている住居を何度か見た。ハミのD邸は、25年ぐらい前に建築された住居であるとのことであるが、改

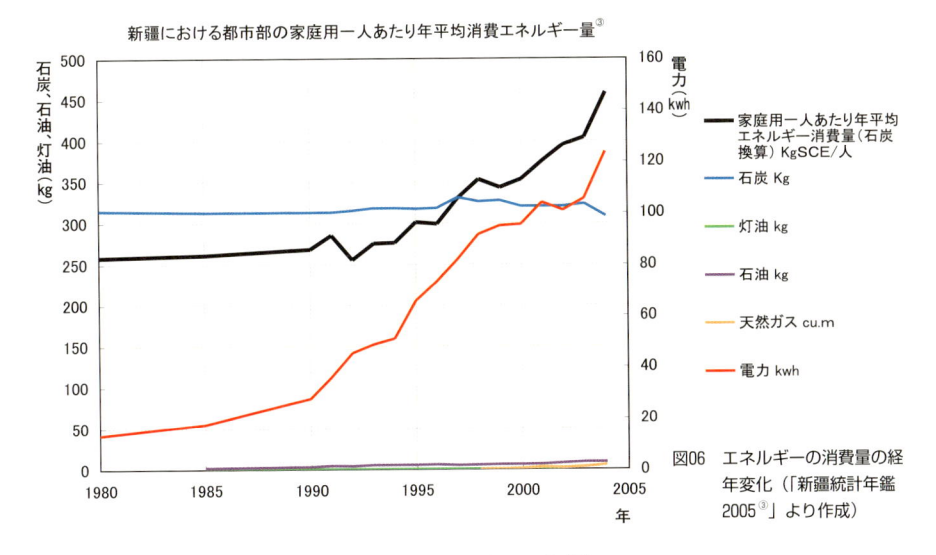

第6章
ウイグルの住まいと生活の特徴 | 145

新疆における都市部の家庭用一人あたり年平均消費エネルギー量③

図06 エネルギーの消費量の経年変化(「新疆統計年鑑2005③」より作成)

凡例：
- 家庭用一人あたり年平均エネルギー消費量(石炭換算) KgSCE/人
- 石炭 Kg
- 灯油 kg
- 石油 kg
- 天然ガス cu.m
- 電力 kwh

装・増築し広くなったという。増築した新しい部屋にはシャンデリア様の照明器具が付いていて、電気製品もあるが、古い部屋は、裸電球がむきだしの電線にぶら下がっていた。

このような電気機器類の普及率の増加は電気使用量の増加をもたらしており、全体的なエネルギー使用量の増加も暖房や調理に使用される石炭や天然ガスの上昇より急激に進んでいる〔図6〕。新疆における住居のエネルギー使用量は、石炭が主であるが、これは暖房用がほとんどであろう。全体のエネルギー使用率を換算して比べると、まだまだ石炭が多いのであるが、今後の電気機器類の普及を考えると、さらに電気使用量の増加が予想される〔図7〕。

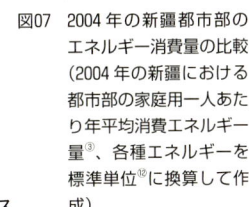

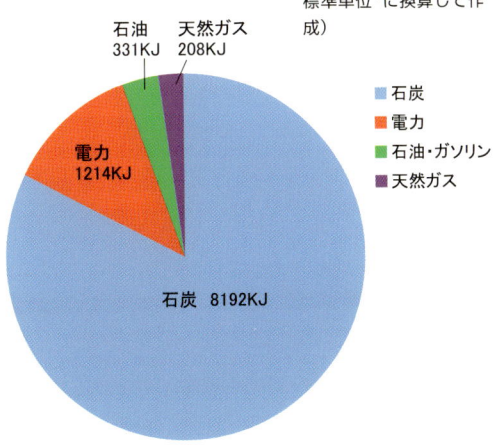

図07 2004年の新疆都市部のエネルギー消費量の比較（2004年の新疆における都市部の家庭用一人あたり年平均消費エネルギー量③、各種エネルギーを標準単位⑫に換算して作成）

石油 331KJ
天然ガス 208KJ
電力 1214KJ
石炭 8192KJ

凡例：
- 石炭
- 電力
- 石油・ガソリン
- 天然ガス

XI
ウイグル住居の起居様式の特徴とその変化

　この6年間、ウイグルの家庭を訪問して、装飾や色遣いに違和感を覚えつつも、何故か懐かしい感じを持ってきた。子供の頃に訪れた正月やお盆の田舎の農家を思い出すのである。家族や親族が集まり、にぎやかに展開する人の輪とともに、靴を脱いで床に座り、布団を敷いて床に眠るこのような履床様式・起居様式・就寝様式が、日本と共通するからであろうか。世界的に見れば少ないこの履床様式は、ウイグル人の属するアルタイ語族に一般的な習慣である。アルタイ語族は東方のモンゴル系の民族と西方のチュルク系の2つの集団から構成されており、日本語族や朝鮮語族はモンゴル系に分類され、ウイグル族はユーラシア大陸の中央部に広がるカザフ、ウズベク族等と同類のチュルク系民族に分類される。新疆で訪れることのできた、チュルク系のカザフ、ウズベク、タタールの家庭でもすべて同じ履床様式・起居様式・就寝様式であった。

　また、これらの民族では、カンやオンドルといわれる床暖房が多く使用されている。床暖房は床座であることで、床からの接触による伝導熱を受け、効率的で快適に利用できる暖房方式である。その発祥は中国東北部松花江流域といわれているが、今日でも韓国では近代的な集合住宅にもオンドルが用いられ、日本でも最近はマンションや集合住宅で普及している。今年の聞き取りで、ウルムチの新しい集合住宅ではカンが付いているものもあるとのことで、新疆でも再度床暖房が復権してきているのであろうか。ちなみに、日本語を含むアルタイ語族に属する民族が話す言語はよく似た文法構造や音韻構造を持つとされており、どこか文化的なつながりがあるのか

もしれない。

　2000年の統計によれば、新疆は国内生産における建築の割合が12％で、中国全土の31の省区の中で青海省に次いで2番目の建築ラッシュである。近代化が進み、都市整備の一部として街路が整備され、集合住宅が建設されつつある。我々が訪問した6年間で、バザールが2階、3階建てのショッピングセンターになり、中心部の街路が整備されていった。どの都市にも、5階建て以上の集合住宅が林立する地区が見られた。ウルムチとハミで集合住宅8軒を訪れたが、その作りは欧米風であり、グローバル化がここでも進行している。生活も近代化が進み、8戸すべてでベッドの就寝であり、1軒を除いてすべての住居で椅子座であった。

終わりに

　ウイグル人達に「家」について聞くと、外塀で囲まれた、庭や果樹園、家畜舎も含む全体を家だと言う。外に向かっては閉鎖的であるが、中庭を中心とした内部空間は色鮮やかに美しく整えられ、豊かな文化を感じた。住居は生活を包む。住居が変われば生活様式も変わらざるを得ず、生活が変化すれば、それに応じて住居も変化せざるをえない。近代化が進む中でも、便利で快適なものはどんどん浸透し、不便で不快なものは残らない。厳しい自然の中で水や燃料をうまく使い、中庭に緑を植えて親しみ、エコロジカルに生活してきたウイグル人達の生活は今後どのように変化していくのであろうか。オリンピックを間近に控え、急速に開発が進む中国の中で、新疆も激しいスピードで変化することが予想させるが、エネルギー問題も相まって、今後も目が離せない。

文献……………………………………………………………………

① 宮坂靖子：イリカザフ族自治州イーニン市における世帯・家族とライフコース、−Vol.50 No.1（2003）
② 新疆ウイグル自治区統計局編：「新疆統計年鑑2001」中国統計出版社（2001）
③ 新疆ウイグル自治区統計局編：「新疆統計年鑑2005」中国統計局（2005）
④ 香港天文台：http://www.hko.gov.hk/
⑤ 山口修、鈴木啓造編：「中国の歴史散歩」4．中国南部・西部の歴史、山川出版社、p.213（1997）
⑥ 深見奈緒子：イスラム建築の見方、東京堂出版
⑦ 瀬渡章子・久保博子：「中国・新疆ウイグル自治区の住居と住生活−2001年度カシュガル地区における調査より−」家政学研究、vol.49，No.1，pp.78-82（2002）
⑧ 山本正之、イスラームのタイル紀行「イスラームのタイル−聖なる青」、INAXブックレット、INAX出版 P.6-12（1992）
⑨ 岩崎雅美編：中国シルクロードの女性と生活、東方出版（2004）
⑩ 今井範子：現代の住様式家政学シリーズ18「住まいと住み方」朝倉書店、p.40-61（1990）
⑪ 中国の住宅におけるエネルギー消費と居住環境問題特別研究委員会編：「中国の住宅におけるエネルギー消費と居住環境問題」日本建築学会（2005）
⑫ 資源エネルギー庁長官官房企画調査課：総合エネルギー統計（平成13年度版）、㈱通商産業研究社（2001）
⑬ 田畑久夫他：中国少数民族辞典、東京堂出版（2001）
⑭ 孫章烈：韓国におけるオンドルと最近の床暖房計画、空気調和衛生工学、61(4)、p331-337（1987）
⑮ 拓和秀：中国西域「イスラム世界の都市空間」㈶法政大学出版局、pp.539-557（2002）

第 7 章
ホータン地区ウイグル族の住まいと生活

瀬渡章子
Seto Akiko

I ホータンの歴史、気候風土

　ホータン（和田）は、広大なタクラマカン砂漠の縁辺、崑崙山脈の北に位置し、主要都市カシュガルなどとともに南疆と呼ばれる地域にある。中心のホータン市には17万人の人々が暮らしており、周辺の7県を合わせてホータン地区全体の人口は約160万人となる。民族は、ウイグル族が全体の97％を占め、新疆ウイグル自治区の中ではウイグル族の割合が最も多い（2000年のデータ）。

　歴史的には、ホータンは古代の東西交易路シルクロードの西域南道を代表するオアシス都市である。紀元前1世紀、この地に仏教が伝来し、高度に仏教文化が発達し、数多くの仏教寺院が存在していた。10世紀以降、イスラム教にとってかわられ、現存する仏教寺院は皆無である。近代になって砂漠の中で発見されたニヤやダンダンウイルクなどの仏教遺跡から、素晴らしい壁画、建築遺構などが発掘され、注目を浴びた。

　ホータンの気候は、2000年を例にとると、年平均気温13.6℃、年間降水量19.2mmで、年間を通して雨はほとんど降らず、カシュガルの気候とよく似ている。訪問した2000年9月上旬の某日は、日中の外気温は30℃であったが湿度は30％で、汗をかくこともほとんどなく、埃っぽいことを除けば日本よりもずっと快適で過ごしやすいと感じたものである。

　このようにホータンでは雨量は極端に少ないが、万年

雪をいただく標高5000〜6000m級の崑崙山脈から溶け出した雪が、豊かな河川や地下水系を形成し、オアシスを潤す。そのため砂漠や荒地に囲まれていても水が豊富で、土地が肥沃なことから、人々が定住して農業を営み、また東西交易によって独特の文化が醸成されてきた。この地は、果物などの農産物、アトラスシルクに代表される絹織物、絨毯織物が盛んで、また玉（ぎょく）と呼ばれる美しい石が多く産出する地域としても有名である。

Ⅱ ウイグル族の民家の基本構成

　新疆は、森林から隔たっていて大型の木材や石材の入手が難しいため、身近なオアシスで採れる木材、粘土、草木を用いた建築が発達してきた。

　一般にウイグル族民家の基本構成は2つに大別されるという。一つはアイワン形式であり、もうひとつがミマンハナ形式である。アイワン形式とは、アイワンと呼ばれる中央広間を中心にして、その周囲に他の部屋が配置される平面構成を特徴とする。採光、通風を目的に、部屋の中央部の天井を一段高く持ち上げた形になっていて、夏の高温だけでなく、砂嵐などを凌ぐのに好都合な構造である。

　一方、ミマンハナ形式は、ダリザ（前室）、ミマンハナ（客室、居間兼寝室）、アシハナ（台所、冬の寝室）の3室から成る配置を基本的な構成とし、外部に柱廊が設けられる。主要な部屋がミマンハナであるのでこの名前がついている。

　ウイグル族の民家は、これらの平面構成を基本としながら、気候、地形、材料、庭との関係などによって、地域ごとに特色ある民家が生み出されてきた。これまで、

筆者が新疆ウイグル自治区においてカシュガル、イーニン、ホータンの各地域の民家を訪問観察した限りにおいても、地域別の特色が明らかにみられることはいうまでもなく、同じ地域の中でも民家の姿は多様であることが確認できた。

以下では、4つの事例をとりあげ、ホータン民家の特色を紹介していきたい。

Ⅲ
アイワン住居の原型──トルデ・アジ・コロシ
グマ（皮山）県

(1. 富裕階層の民家)

伝統的な住まいの特徴は、日本においても歴史的にそうであったように、富裕階層の民家に鮮明に表れる。最初に紹介するのはそのような事例である。

この民家は、ホータン市から国道315号を通って西のカシュガルへ向かう途中のグマ（皮山）県にある。ホータンの市街地からは約150kmの距離である。この地域にアイワンのある民家が多いことは、屋根の一部が一段高くなっていることから、遠くから見てもすぐにわかる。

紹介する民家は、ウイグル語でトルデ・アジ・コロシ（Turudi Haji Qorosi、尓地阿吉庄院）、すなわち、「トルデ・アジの邸宅」である。建物の入口には、この名称が標示された銘板が掲げられている〔写真1〕。この建物は農地開拓により成功を収めたトルデ・アジ氏（1871〜1968）の住まいで、100年以上前に建築

01　トルデ・アジ・コロシの外観。軒の深い縁台が建物周囲に配置されている。（ホータン、2005）

第7章 ホータン地区ウイグル族の住まいと生活 153

図01 トルデ・アジ・コロシの平面略図

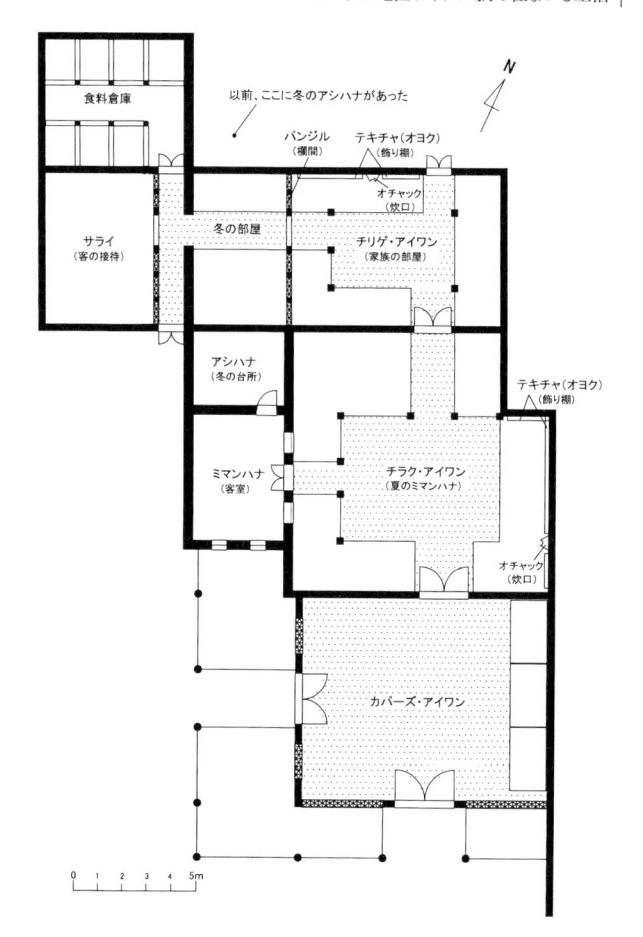

（図中ラベル）
- 食料倉庫
- 以前、ここに冬のアシハナがあった
- パンジル（欄間）
- テキチャ（オヨク）（飾り棚）
- オチャック（炊口）
- サライ（客の接待）
- 冬の部屋
- チリゲ・アイワン（家族の部屋）
- アシハナ（冬の台所）
- テキチャ（オヨク）（飾り棚）
- ミマンハナ（客室）
- チラク・アイワン（夏のミマンハナ）
- オチャック（炊口）
- カバーズ・アイワン

されたという。案内役のアブドベリ氏（80歳）はトルデ・アジ氏の第3子にあたるが、説明によるとトルデ・アジ氏は最盛期には妻と7人の子ども、3人の孫、使用人40人とこの家に暮らしていたが、政情変化により、1950年代初めに住宅の所有権を剥奪され、64部屋あったこの邸宅はほとんどが取り壊されたという。図1のように現存する部屋数はわずかであるが、これらの部屋のひとつひとつが素晴らしく、元の邸宅の豪華さは想像を絶するように思われる。今後、文化財保存の対象となるようであるが、本格的な調査はまだ実施されていない。

2. 複数のアイワン

02 カパーズ・アイワン。外壁の透かし建具が美しい。天井は傾斜していて中央部が最も高くなっている。壁のイスラム様装飾は壁がんをイメージしたようにも見える。(ホータン、2005)

03 チラク・アイワン。天井が一段高く持ち上げられていて、側窓から光が入ってくる。柱上部の彫刻、壁の装飾は精緻である。奥の扉は、チリゲ・アイワンに通じる。(ホータン、2005)

　建物の外側には軒の深い柱廊が設けられている。入口を入ると、アイワンが3室連なる。最初のアイワンは、カパーズ・アイワンと呼ばれ、壁には屋外との通気性が良好な木製の透かし建具がはめこまれている〔写真2〕。カパーズとは「鳥籠」を意味し、実際、部屋の中に入ると、透かし建具に囲まれた大きな籠の中にいる印象を強く受ける。天井は中央に向かって高くなり、頂上部は平坦となっている。3つのアイワンの中では最も天井が高く、開放的な空間である。

　次室はチラク・アイワンと呼ばれる〔写真3〕。部屋の天井は中央部が全体に持ち上げられ、側窓から採光、通風を得る仕組みになっている。そのため、部屋の四方が壁に囲まれているにも関わらず適度な明るさが得られ、また時間の経過とともに室内に差し込む光の方向が変わり、変化に富んだ環境が演出される。

3. 豪華な室内装飾

　アイワンの周囲の壁や天井を支える柱の上部には、木彫や壁画などの装飾が豪華にほどこされている。またチ

第 7 章
ホータン地区ウイグル族の住まいと生活　155

04　チラク・アイワンに隣室するミマンハナ（客室）。壁にはテキチェ（壁がん）が穿たれ、壁一面にウイグル文字や花模様の豪華な装飾がほどこされている。（ホータン、2005）

ラク・アイワンの西隣のミマンハナ（客室）は、壁の装飾が見事である〔写真4〕（第4章、写真20参照）。カシュガルのミマンハナにみられたような大小数多くのテキチェ（壁がん）はみられないが、数個のテキチェがあり、壁一面の花模様やウイグル文字をあしらった彩色画は、カシュガルやホータンから来た絵師によって描かれたという。

テキチェといえば、チラク・アイワンとチリゲ・アイワンには、オヨクとよばれる奥行きの浅い一種のテキチェがみられた〔写真5〕。カパーズ・アイワンにはテキチェもオヨクもみられなかったが、その壁に描かれた複数の窓形は、壁がんをイメージさせるものである〔写真2〕。

3番目のアイワンは、チリゲ・アイワンと呼ばれる。チリゲとは、天井の中心に取り付けられたメロンのことである〔写真6〕。他の2つのアイワンは、フォーマルな性

05　チラク・アイワンのオヨク（小さな壁がん）。側窓に近い壁の高い位置に、奥行きの浅い飾り棚が取り付けられている。（ホータン、2005）

06　チリゲ・アイワンの天井。ポプラの木の細工と彩色が他のアイワンとは異なり遊び心がみられる。中央の球形はメロンをかたどったもの。（ホータン、2005）

07　チラク・アイワンのオチャック（炉）。上部に煙突を取り付けて暖房設備となる。（ホータン、2005）

格が強いと思われる部屋であったのに対して、3番目のアイワンは私的性格の強い家族室となっているためか、天井の一部を市松模様にしたり、カラフルな彩色をほどこすなど他の部屋とは少し異なる内装になっている。2番目と3番目のアイワンには、オチャック（炉）がみられたが〔写真7〕、このタイプのものは現在のホータンの民家でも使われている〔写真12〕。

4. 透かし間仕切り

　チリゲ・アイワンと西隣の冬の部屋との間にはパンジルと呼ばれる木製の美しい透かし間仕切りが設けられている〔写真8〕。パンジルは、採光と通風の役目をするものと思われるが、冬は寒いため桑から作った紙を張っていたらしい。養蚕が盛んなホータンでは、桑の木の皮を原料とする桑紙が現在も作られ、ウイグル帽の芯材などにも使われているようである。

　チリゲ・アイワンの奥にあるサライは冬に客を接待する部屋である。この部屋もミマンハナ以上に豪華な装飾がほどこされている。床面のレベルはアイワンよりも一段高くなっていて、現在は床はレンガ敷きとなっているが、元は粘土が敷き詰められ、その上に絨毯が敷かれていたという。

08　チリゲ・アイワンと冬の部屋との間に設けられた美しい透かし間仕切り。採光と通風の役割をする。説明しているのはトルデ・アジ氏の第3子アブドベリ氏。(ホータン、2005)

第 7 章
ホータン地区ウイグル族の住まいと生活

Ⅳ アイワンのある民家A
ホータン（和田）県

(1. ブドウ棚)

09　家の前の道路にはブドウ棚が架けられ、「千里葡萄長廊」と呼ばれている（民家A）。（ホータン、2005）

　南疆のカシュガルや北疆のイーニンの郊外や農村地域でも同様であったが、ホータンの集落の中を走る道路の片側には灌漑用水路が流れ、子どもたちが水浴びしている光景がよく見受けられた。民家A〔図2〕の門に面した道路も、片側に水路が流れ、さらに上部に葡萄棚が架けられ、それがどこまでも続く景観は圧巻である〔写真9〕。車で走ってみると総延長はかなり長く、地元では「千里葡萄長廊」と呼ばれている。その目的は、

図02　民家Aの平面略図

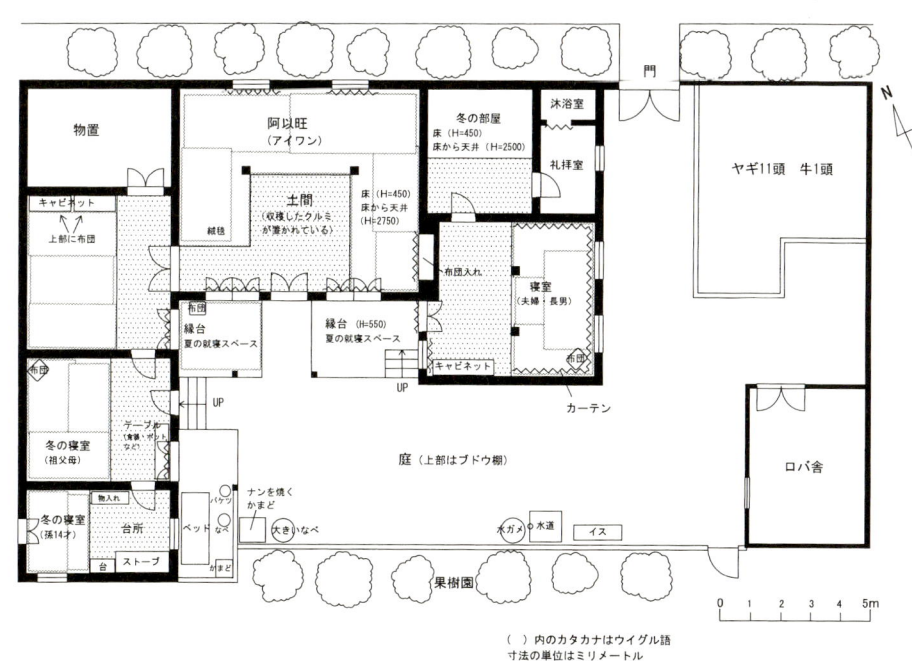

（　）内のカタカナはウイグル語
寸法の単位はミリメートル

観光や村おこしのための葡萄のＰＲだと聞いた。新疆はあらゆる地域が葡萄の産地と見えるので、その目的はすぐには納得できないが、道路を覆っている葡萄棚は、ポプラ並木と同様、夏の緑陰をつくり、砂や埃をさえぎり、通行の快適性を向上させることは容易に推測できる。

(2. 庭と縁台)

10 庭全体に架けられたブドウ棚（民家A）。（ホータン、2005）

11 夏の台所（民家A）。（ホータン、2005）

12 冬の台所と炊き口（民家A）。（ホータン、2005）

　道路から門をくぐって敷地の中に入ると、ここでも葡萄棚に迎えられる。門を入って右側に住居、左に家畜舎が配置されている。庭もほとんどが葡萄棚で覆われていて、水道、かまどなどの炊事施設が目に入る〔写真10〕。炊事作業は、夏は主に屋外の庭で行われ、冬は屋内の台所で行われる〔写真11、12〕。

　庭に面した部屋の入口に奥行きの広い２つの縁台がある。高さは55cm。右側の縁台には羊毛のフェルトが敷かれている。そこは物干し場にもなっていて、洗濯用ロープに羊の毛皮のコートが掛けられていた。左側の縁台には赤色の絨毯が敷かれ、隅に布団が置かれている。こ

第 7 章
ホータン地区ウイグル族の住まいと生活

こで夏に家族が休息することもあれば、就寝の場所にもなり、庭と一体となった生活空間となっている。

3. アイワン

2つの縁台の間を通って建物内部に入ると、そこはアイワンと呼ばれる部屋である〔写真13〕。土間の周囲を高さ45cmの床が取り囲み、広い空間には天井を支える柱が配置されている。床から天井の頂部までの高さは275cmあり、部屋全体として天井高が3mを超える開放的な空間となっている。

アイワンの中央部は天井が一段高くなり、側窓が設けられ、ガラスがはめられている〔写真14〕。先に紹介したトルデ・アジ・コロシのアイワンは、側窓にガラスはみられなかったが、時代が下り生活水準の向上とともに変化したものと考えられる。

アイワンは夏の部屋で、家族がここで就寝する。暑い屋外からアイワンに一歩足を踏み入れると、天井の高い空間の開放感とともに、少しひんやりした空気に迎え入れられる。土間は、収穫された胡桃の実が山積みにされており、作業場もかねていた。日本の昔の農家も、土間（＝にわ）は作業空間だった。アイワンには、日本の農

13　アイワン（民家A）。正面のカーテンの後ろにはテキチェ（壁がん）があり、布団が収納されている。（ホータン、2005）

14　アイワンの天井（民家A）。（ホータン、2005）

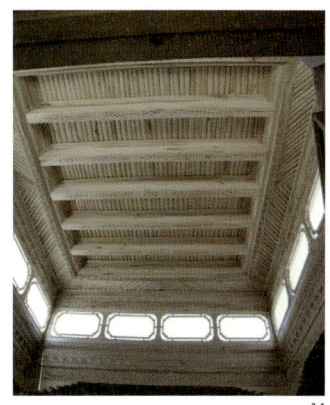

家の「にわ」との共通性があるように思われる。

　家族は、夏はアイワン以外に縁台で就寝することもあるが、砂嵐の時には全員がアイワンで就寝する。砂嵐は5月から6月にかけて多く発生する。訪問した2005年には4回発生し、半日から1日続いたという。

4．民家の構造

　新疆の伝統的な建築構造のひとつに、木造架構と日干しレンガとの混構造建築がある。それは、基礎、地梁、柱、梁などに木材を用いて骨組みを作り、土壁、土屋根を加える形式である。壁は2種類あり、一つは日干し煉瓦によって地梁、柱などの骨組みを包みこんだもので、壁は厚いが、荷重は受けず、断熱、防風砂の役割をするもの。もう一つは、紅柳などの木の枝を用いて木造枠組みの間を編んで籠壁とし、両側を草泥で塗り固めるものである[2]。訪問した民家は、たいていはレンガが組み込まれた壁のようであった。

　屋根は、木梁の上に細い梁を狭い間隔で渡して、その上に丸太を縦半分に切断した垂木を、円弧を下向きにして隙間なく敷き詰め、さらに葦の網代、葦の束、麦わらなどを敷き、一番上を草泥で固めてつくられる。屋根はわずかな勾配をとる平屋根とすることで、風の抵抗を少なくし、保温断熱性を高めているという[2]。

　オアシスでは、大型で良質な木材が乏しい。そのため、現地の材料を生かし、地理的条件、施工や修繕の簡易性、経済性が考慮された結果、このような建築様式が普遍的に採用され、継承されてきたと考えられる。

　民家Aは2年前に建築された。主人の話では、民家の寿命はだいたい30年。建築費は、一般には約4万元（日本円で約60万円）かかるが、木材やレンガを自分で調達したために8千元で済んだという。

第 7 章　ホータン地区ウイグル族の住まいと生活　161

15　夫婦と長男の寝室（民家A）。部屋の隅に布団が置かれ、壁全体にカーテンが掛けられている。（ホータン、2005）

16　夫婦と長男の寝室の天井と装飾（民家A）。（ホータン、2005）

5. 木彫刻

　民家Aは、トルデ・アジ・コロシのような富裕階層の住まいではないが、アイワンや寝室の天井には実に細かな彫刻が施されている〔写真16〕。これを手がけたのは彫刻師（ハラット）の修業をしている20歳の次男である。アイワンの天井付近には竣工年月が掘り込まれていた。彫刻の技術がそれほど洗練された域に達していないことはそれとなく見て取れたが、このような装飾を施してこそ家であるという信念と誇り、またそれが自分の息子の手によって達成されたという喜びのような気持ちが主人から伝わってきた。

V アイワンのある民家B
カラカシ（墨玉）県

1. 美しいポプラ並木

　次に紹介する民家Bも同じくアイワンのある住まいである。
　この民家は、美しいポプラ並木に面して建てられている〔写真17〕。ポプラ並木は新疆を代表する風景のひとつ

となっている。新疆では道路の開通と同時に両側にポプラの木が植えられ、20年もするとりっぱな並木に成長し、夏の日差しを遮り、砂防の役割をする。こうした営みの繰り返しによって、郊外にどこまでも続くポプラ並木が形成されてきた。

17 民家Bの前に続くポプラ並木（ホータン、2005）

2. アイワンを中心とする平面構成

家族は、夫（65歳）、妻（59歳）、次女（27歳）の3人で、長女（31歳）は結婚して他所で暮らしている。夫妻ともに元小学校教師で数年前に退職した。この地域の小学校教師の退職年齢は男55歳、女50歳であるから、かなりの若年退職である。次女も教師を務める教育者一家である。

ポプラ並木に面した門をくぐって敷地に入り〔写真18〕、両脇の果樹園や家畜、頭上の葡萄棚を見やりながら真っ直ぐ進むと建物の入口に到達する〔図3〕。この民家の平面配置はかなりシンプルで、建物の入口は、アイワンの入口1箇所とその脇の通用口のような入口のみである。入口の右側には縁台があり薄手のカーペットが敷かれている〔写真19〕。また、入口の左側にはソファとテーブルが置かれている。これらの西洋家具は、カシュガルやイ

18 民家Bの門の前で。（ホータン、2005）

19 建物入口（民家B）。入口の右側に縁台がある。（ホータン、2005）

第 7 章　ホータン地区ウイグル族の住まいと生活

20　アイワンの天井（民家 B）。（ホータン、2005）

21　アイワンのしつらえ（民家 B）。絨毯の上に置かれた布団やクッション。周囲の壁には腰高くらいの高さで花柄のプリント布が張り巡らされている。（ホータン、2005）

ーニンではよくみられたが、ホータンの農村では珍しい光景であった。またテレビ、冷蔵庫、洗濯機、扇風機などの電気製品をはじめとする家財道具の多さから考えても、家族の生活水準は高い方であることが察せられた。

　この民家は9年前に建てられ、冬の部屋を含む建物は

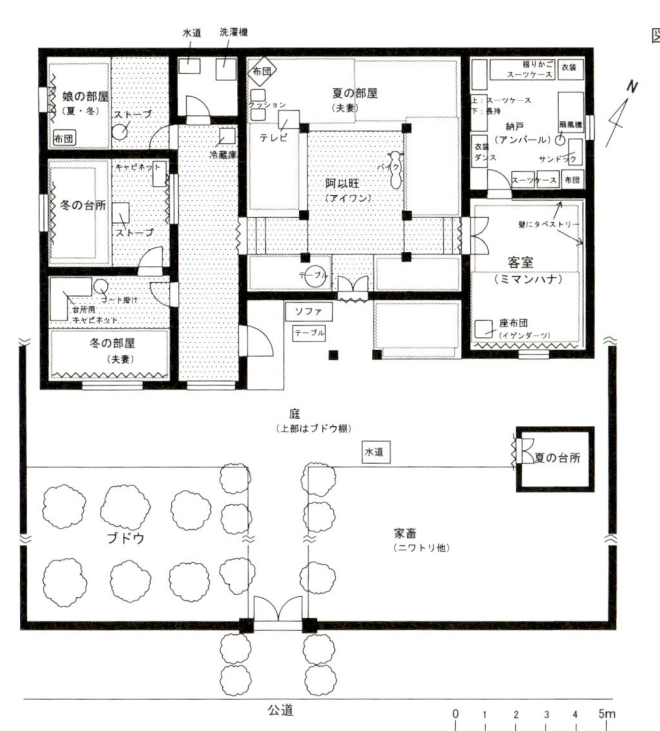

図03　民家Bの平面略図

5年前に改築されている。アイワンは、1辺が7mくらいの正方形で、民家Aのアイワンとほぼ同じ広さである。土間の真上が一段高くなった天井となっていて、それを数本の柱が支えている〔写真20〕。土間の周囲は床が取り囲み、床の上には絨毯が敷き詰められている〔写真21〕。このアイワンは、夫妻の夏の就寝場所となっている。

3．季節による生活空間の移動

　夏と冬との気温較差の大きい新疆では、ウイグル民家において、季節による生活空間の移動が一般的であり、このことは民家A～Cにすべてに共通する点である。調理作業は、夏は庭で行われることが多いが、冬はストーブのある室内で行われる〔写真22〕。また就寝は、夏はアイワン、ミマンハナ、縁台などで家族が一緒に寝ることが多く、冬は、冬の台所、冬の部屋と呼ばれている部屋が就寝場所となる。

22　冬の台所にはストーブが置かれている（民家B）。（ホータン、2005）

4．個室の概念

　ウルムチのような大都市のマンションでは、ベッドや学習机を備えた専用の子ども部屋、すなわち個室のある住戸がみられる。しかし、ホータンでは個人専用の家具・調度品自体が非常に少ないうえに、季節によって、あるいは昼と夜で就寝や休息の場所が異なるというように、必ずしも部屋と生活者との間に明確な対応関係はみられない。

　また、民家によっては成人した子どもが両親と同室で就寝するケースも時々見られ、いわゆる「個」または「個室」の概念は希薄であると思われる。しかし、民家Bでは、27歳

の次女は夏も冬も同じ部屋で就寝していた。ウイグルの生活の近代化は、現在の転用性の高い部屋空間から、個人の専有物が大半を占め、季節に関わらず同じ部屋が就寝室となるような「個室化」を促すことになるのだろうか。

5. 室内装飾と絨毯

　ミマンハナ（客室）は、床には絨毯が敷き詰められ、二面の壁には大胆な柄のタペストリーが掛けられている〔写真23〕。それ以外の部屋にも華やかな絨毯が敷かれている。

　ホータンでは床の構造は主に2種類みられた。土間の上に木の束を立てて板を張った簡易な床をつくり、その上に敷物を敷く方法と、もうひとつはレンガで組まれた台の上に敷き物を敷く堅固な床である。後者の場合は土を置き、その上に葦の網代を敷き、さらに羊のフェルト、その上に絨毯という構成である〔写真24〕。絨毯は、板または土の上に直に敷くことはなく、必ず他の敷物の上に重ねて敷くのが特徴である。ホータンは絨毯の一大生産地であり、ウイグル族の女性は、婚礼用具として絨毯、スーツケース、櫃（サンドック）を持参することが慣例になっているように、絨毯はごく日常の生活用品である。

23　ミマンハナの2面の壁に飾られた豪華な絨毯（民家B）。（ホータン、2005）

24　アイワンの床上に、土、葦の網代、羊のフェルト、絨毯が順に重ねられている（民家B）。（ホータン、2005）

6. 押し入れのない住まい

　ホータンのウイグル族民家では、日本の「押し入れ」

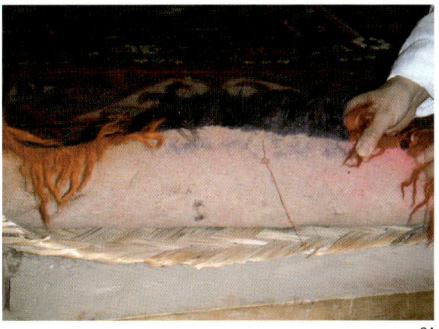

に相当する収納スペースに出会わなかった。唯一、民家Aのアイワンに布団が収納されているテキチェ（壁がん）が1箇所あったのみで〔写真13〕、就寝用の布団、座布団はすべて部屋の片隅やタンスの上などに置かれていた。カシュガルでは、各部屋に壁をくりぬいたような大きな壁がんが一つ設けられて、そこに収納されることが多かったが、ホータンでは状況が異なる。しかし部屋の片隅に布団が置かれている場合でも、きちんと整頓され美しいレースなどで覆われているとそれと気づかないことも多く、ウイグルの人々のきめ細やかな性格が感じられる。

一般にウイグル民家の各部屋には家財道具が少なく、あったとしても寝具、スーツケース、サンドックなど移動に都合のよいものが多い〔写真33〕。このように部屋に大型の収納具を置かない住まい方は、ウイグル民族がかつて移動性の高い遊牧民族であったという伝統からきていると考えられている。[5]

民家Bでは、ミマンハナの奥に納戸（アンバール）があった。納戸には、布団、衣装ダンス、スーツケースなどが壁面を埋めつくすようにぎっしりと並べられている。家財道具の多さは、豊かさと生活の近代化の象徴ともいえるが、家財道具をまとめて納戸に収納することによって、各室に置かれる固定家具が数えるほどしかなく、美しい住まい方が実現されている。

Ⅵ
アイワンのない民家C
キリア（千田）県

（ 1. 装飾性の高い門 ）

キリアと呼ばれる地域には、羊の皮で作られたタルペックという名前の小さな帽子を、中年以上の女性が結婚

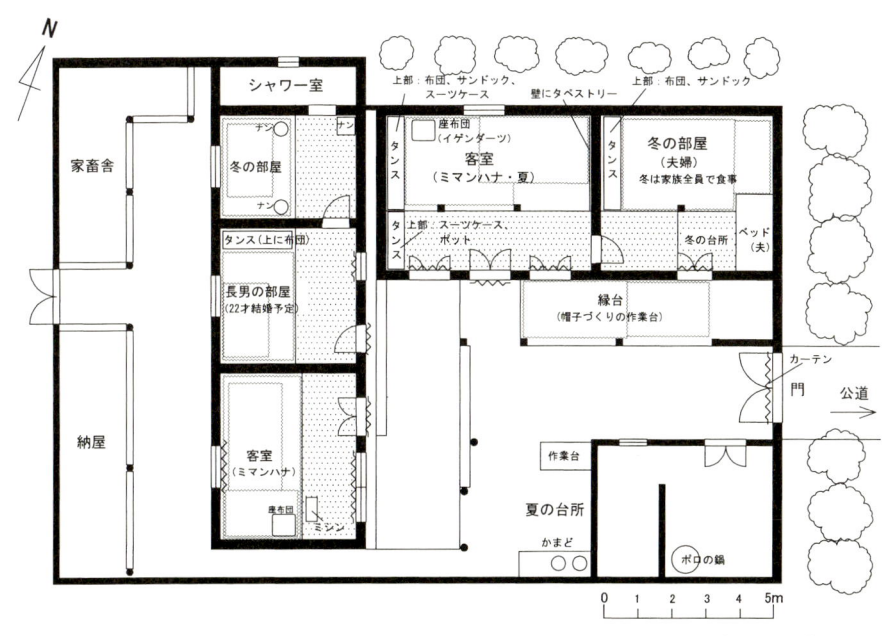

第 7 章　ホータン地区ウイグル族の住まいと生活　167

式などの儀式に頭に載せる風習がある。この帽子作りをしている民家C〔図4〕を訪問した。

　ポプラ並木に面した民家の門には凝った装飾がみられ、門の内側には布のカーテンがかけられている〔写真25、26〕。ウイグルの民家では、門の入口、あるいは屋外に面した部屋の入口にこのようなカーテンをかける光景はよく見られる。出入りに邪魔になるのか、片側に寄せ上

図04　民家Cの平面略図

25　敷地を囲む壁と門（民家C）。扉の内側に吊るされたカーテンが見える。（ホータン、2005）

26　門の周囲にほどこされた花模様の装飾（民家C）。（ホータン、2005）

げられている場合もある。カーテンを吊るす理由は詳しくはわからないが、日本の暖簾と同様、視線など空間の内と外との関係を調整するための重要な役割を果たしているように見える。

（2. 住まいの新築）

27　庭からの母屋の眺め（民家C）。庭の上部が葦の網代で覆われている。縁台は作業場になっている。（ホータン、2005）

28　新築のミマンハナ（民家C）（ホータン、2005）

29　新築のミマンハナの天井（民家C）。可愛らしい花の図案がほどこされている。（ホータン、2005）

民家Cの家族構成は、夫（77歳）、タルペック（帽子）を作る妻（66歳）、長男（22歳）、次女（20歳）の4人で、長女は既に結婚して家を出ている。建物は庭を囲むようにL字型に配置されている。この民家にはアイワンはない。門を入って右側の母屋は12年前に建てられたもので、客室と冬の部屋の2室から成る〔写真27〕。西側の棟は1ヶ月前に建築されたばかりであるが、結婚を控えている長男の住まいとして新築された〔写真28、29〕。結婚を期に家を新築し、布団を新調する習慣があると聞いたが、どこの文化圏も同じであるようだ。

今回の民家訪問を通して、増改築が頻繁に行われているという印象を受けた。乾燥した気候とはいえ小型の材

第7章 ホータン地区ウイグル族の住まいと生活

料による建築の耐用年限はそれほど長くないこと、また小型であるゆえに部分更新が簡易に行えることがその要因と考えられる。

3．縁台と夏の台所

　主婦は、1日のほとんどの時間を縁台でタルペック作りにあてている〔写真30〕。長い時には1日8時間も作業をする。娘と一緒に作っているが、手作りなので1日に2、3個しか作れない。タルペックはこの民家では1個30元で分けてもらえたが、バザールの帽子屋では50元で売られていた。主婦が縁台に座って帽子づくりをしている姿は、昔の日本家屋の縁側で女性が裁縫をしている姿と重なる。縁台はまさに縁側空間である。

　庭には夏の台所が設けられている。がっちりとしたかまどと作業台があり、調理作業が効率よく進められそうな造りである。ナンを焼く竈が見当たらないので聞いてみると、長男の部屋を新築したときに撤去したために今は近所の竈を借りているが将来は作りたいという答えが返ってきた。ナンは1ヶ月に1度まとめて50枚ほど焼いておくという。新築の「冬の部屋」のあちこちに、布を1枚かぶせただけのナンが無造作に積まれていた。湿度が非常に低いホータンでは、もともと水分の少ないナンは、カビや腐敗の心配はなさそうである。時間が経ってナンが固くなっても、ちぎってスープなどに浸して食べるので、まとめて作るほうが合理的だと考えられているのだろう。

30　縁台で帽子づくりをする主婦（民家C）。後ろの壁には室内の装飾と似た花の図案が描かれている。（ホータン、2005）

31 ミマンハナ（客室）でタルペックを載せた正装姿の主婦（右）。（民家C）（ホータン、2005）

32 ミマンハナ（民家D）。床の絨毯と壁の装飾が相まって一層の豪華さを演出している。（民家D）（ホータン、2005）

33 ミマンハナ（民家C）。部屋の片側には金色のサンドック（櫃）、その上に色鮮やかな布団が整然と置かれている。（ホータン、2005）

34 ミマンハナに置かれた花模様のポット類（民家C）。（ホータン、2005）

35 住宅の外壁にも花模様（ザクロの花）があしらわれている（民家D）。（ホータン、2005）

4．壁の装飾

　部屋の窓は、部屋の入口側の壁に設けられるととともに、対向する壁に設けられることが多い。両方の窓からの採光によって室内は結構明るい。しかし、対向する壁側の窓は小さく、かなり高い位置に設けられるので、広い壁面が生み出される。その壁面の装飾も家によって、また部屋によって様々である。絨毯のタペストリーが掛けられることもあれば〔写真23〕、壁画のこともあれば〔写真31、32〕、壁面全体を覆うカーテン〔写真15〕のこともある。

　室内の壁は、周囲の床上80cmくらいの高さまで花模様などがプリントされた布が掛けられることが多い〔写真13、21〕。また、この部分には布ではなく美しい図案が描かれることもある〔写真31〕。

　壁面に限らず家具や調度品の図案には花が用いられる

ことが多い〔写真33、34〕。その代表的なものに石榴(ざくろ)がある。トルデ・アジ・コロシでも多くみられたが、一般の民家でもよく見られる〔写真35〕。石榴は種が多いことから多子多孫のシンボルとして重用され、古くから絨毯の模様にも取り入れられてきた。また周囲の自然に色彩の乏しい新疆では、赤色の実を結ぶ石榴は人々に華やかな光景を与えるものと考えられている[6]（第4章、写真15参照）。

Ⅶ ホータンのウイグル民家と日本の伝統的な住まい

　自然条件の厳しいホータンの民家の観察を通して、日本の伝統的な住まいとの共通性も見えてきた。ウイグルの人々は、土間から床に上がる時には靴を脱ぎ、椅子ではなく膝を曲げて敷物の上に座り〔写真32〕、ベッドではなく布団で就寝するというように、日本人と同様、住様式は床座そのものである。
　訪問先が農村の民家であったので当然のことかもしれないが、そこには自然と共生する暮らしが多様に展開されていた。庭は、縁台ととともに家事、調理の場、また休息、就寝のための空間となり、その上に架かるブドウ棚は緑陰と同時に豊かな実りを提供していた。とくに縁台は、日本のかつての縁側と同様に家族同士、あるいは家族と訪問者とのコミュニケーションの場として重要な役割を担っていると思われた。
　徒然草の中で吉田兼好が「住まいのつくりやうは夏をむねとすべし」と書いているように、現在のように空調設備が発達していない時代において、日本の住まいには蒸し暑い夏をしのぎやすくする工夫が凝らされてきた。ホータンの民家には近代的な設備はなく、アイワンという昔からの「自然のクーラー」が存在していた。それは

砂嵐というこの地域特有の気象に対処する装置でもある。また、夏の部屋、冬の部屋という季節ごとの生活空間の移動も、厳しい自然条件から必然的に生まれてきた住まい方といえる。

　前回の調査地カシュガルでは、ベッド就寝や椅子座の生活様式の浸透、家電製品の普及などが観察されたが、今回のホータンは特に調査地が郊外農村であったこともあり、新疆ウイグル自治区の中でも伝統的な生活様式が温存されている地域であった。しかし、中国の経済発展による近代化の波は確実に押し寄せてきており、この地域の生活様式もいずれ変化していくであろう。伝統的に培われてきた厳しい自然と共生するエコロジカルな生活技術や生活スタイルが、次の時代に積極的に生かされていくことを期待したい。

注……………………………………………………………………

既報論文、瀬渡章子「カシュガル地区におけるウイグル族の住まいと生活」（下記の文献3に所収）において、「縁台」を「涼台」と呼称している。確かに夏の休息空間となっているため「涼台」はその空間の機能を表現しているものの、それ以外の用途の多様性を考慮して、今回は「縁台」の呼称を使用した。

文献……………………………………………………………………

① 『新疆統計年鑑2001』中国統計出版社
② 張　勝儀『新疆伝統建築芸術』新疆科技衛生出版社（1999）
③ 岩崎雅美編『中国・シルクロードの女性と生活』東方出版 pp.107-108（2004）
④ 北海道新聞社編『シルクロード記行』p.86－87（1999）
⑤ 柘　和秀：中国新疆の住空間―ウイグル族の伝統住居に関する研究―、『民族建築』第107号、日本民族建築学会（1995）
⑥ 杉山徳太郎『西域の華　維吾爾絨毯模様考』源流社 p.63（1991）。

第7章 ホータン地区ウイグル族の住まいと生活

❖ウイグル族の住居関連用語

分類	意味	ウイグル語発音	カタカナ表記	備考
家	実家	qong oyi	チョンウイ	
	屋敷	daliz	ダリザ	
	家	oyila	ウィラ	庭も含めた家
部屋	***室、***部屋	oyi	**オイ・**ウィ	
	寝室、寝る部屋、居室	yatahana	ヤッタハナ	主寝室と言うような表現は使わない
	寝室、寝る部屋、居室	yatak oyi	ヤタックウィ	主寝室と言うような表現は使わない
	娘の部屋	kizilar yatak oyi	クズラーラグイヤタッウィ	あまり使用しないが、あえて言うならこのような表現を使う
	新婚の夫婦の部屋	wujira	ウジラ（ヤタッウィ）	子供が生まれると使わない
	客室（特別な客）・居間	mehmanhana	ミマンハナ・メマンハナ	
	居室、居間	saray	サライ	ロシア語からの外来語でイリやウルムチなど北疆で使用する。あまり使わない。
	食堂	tamakhana	タマハナ	タマ:食事 普通はアシハナを使う
	厨房、台所	axhana	アシハナ、アシハナウィ	ちょっとした食事もする
	中庭にある食堂	qayhana	チャイハナ	お茶（ちょっとした食事）をする部屋。イリ地方で使用。
衛生空間	洗面、シャワー室	munqihana	ムンチャハナ	手を洗うところ
	洗面、シャワー室	kol yuyux oyi	コル ユユシウイ	手を洗うところ
	洗面、シャワー、トイレ	oberni	ウブルニィ	汚い言葉、あまり使わない
	トイレ	hajathana	ハジャットハナ	便利なところの意味
倉庫	倉庫	kaznak	カズナック（ヤタッウィ）	この場所で寝る人もい居るため、寝室と混同することがある。
	納戸	iskilat	イスケラット	
	物置、納戸	ambar/amba	アンバール・アンバ	
中庭	中庭	Aywan	アイワン	田舎の人は家全体のことを言う。私の家のような言い方（ホータンではアイワンという部屋名称に使う）
	前庭・庭全体・庭の屋根も	pixaywan	ピシャイワン	
	庭	hoyla	ホイラ・ウィラ	
	大門・玄関の門	darwaza	ダルワザ	
	羊舎	kotan	コタン	
	花園、花壇	gulluk	グルック	
	廊下・外廊下	kardur	カリドル	
	葡萄だな	barang	バラン	カシュガルで使用されていた
	葡萄だな	tak	タック	ハミで使用されていた
	畑、果樹園	bak	バーグ	
	井戸・ポンプ	kuduk・quduq	クドック・クドゥク	
建築部材	天井（部屋の）	torisi・torus	トリシ・トルス	
	柱	tuwruk	トゥルク	
	窓	derize	デリザ	
	窓の雨戸・外側の窓扉	kapkak	カップカッカ	
	部屋の入口	ixik	イシキ	
	窓	parda	ペルデ	

分類	意味	ウイグル語発音	カタカナ表記	備考
建築部材	階段	paranpay・pallampay	パランパイ・ペレンパイ	
	扉	ishik	イシク	
	壁	tam	タム・タンム	
	壁がん・棚・飾り棚	takqa/tekqe	テキチェ・タクチェ	扉がない壁厚を利用して作られた収納棚
	戸棚・扉付き	tamixkap	タムイシカブ・タムシカ	扉の付いたの壁厚を利用して作られた収納庫
	板床	benchan	ベンチャン	寝室にある木で作った床、ベッドのように使う（ハミで使用）（漢語）
	縁台、涼台	supa	スーパー	中庭に面した所にある土で作った上げ床
	カン、炕（放射式床暖房）	kang	カン	床暖房設備のある上げ床。床暖房の無いものを呼ぶ場合もある。土製（漢語）
	カン、床暖房のないもの	yazliq supa	ヤズリック スーパー	夏に使う床暖房のないもの
	カン、床暖房のあるもの	qisliq supa	クイスリック スーパー	室内にある床暖房のついたもの
暖房	焚き口	oqak	オチャック	カン・暖房の焚き口。鍋をかけて料理もする。
	暖炉	mora	モーラ	下で火をたいて、壁につないである暖炉。今はほとんど使わない
	火壁・煙道（放射式壁暖房）	hoqang	ホーチャン	内部を伝える煙の熱によって暖を取るようになっている壁放射暖房（漢語）
材料	焼きレンガ	pixkix	ピュキッシュ	
	焼きレンガ	hix	ヒッシ	
	欄間の飾りなど飾り全般	peztek	ペシュクック	
	日干しレンガ	kesak	キセッキ	
室内装飾・敷物	むしろ 床に敷き、その上に絨毯を敷く	bora	ボラ	
	絨毯	gilem	ギラン・ギレム	床に敷く場合も、壁に掛ける場合も同じ呼び方
	フェルト	kigiz	キギス	絨毯の下に敷く
	敷き布団	korpa	コールパ	幅90cm、長さ200cm程度のサイズ
	壁布	zadiwal	ザディワル	壁に回して貼ってある布
	長座布団	yekendaz	イゲンダース	幅75cmから80cm、長さ3.5m程度のサイズ
	掛け布団	yotkan	ヨッカン	200cm×200cm程度のサイズ
	ストーブ	mex	メッシ	
	梯子	xota	ショタ	
	ベッド	karwa・kariwat	カルワット・カリワット	

索　引

ア行

アーモンド	47, 94, 95
アイデンティティ	27
アイワン	151, 154, 159
	161, 162
赤脚医生	24
胡座	77, 136
アザーン	10
アジ	38, 68, 100
アシハナ	153
アトラス	84, 85
アトラスシルク	75, 84, 85
アホン	100
アルタイ語族	146
アルチェ	19, 21
アンバール	166
椅子座	136, 138
イスラーム	9, 10, 11, 26
イスラム建築	129
無花果	95
イーニン	14, 18
いとこ婚	14, 19
一夫多妻制	45
ウイグル族	5
ヴェイル	71
ウッケイ	113
ウッケイスップ	113
エアコン	6, 143
エコロジカル	147
エネルギー使用量	145
縁台	158, 169
贈り物	21
オスマ	44, 66
オチャック	155, 156
雄羊	88
男末子同居システム	17, 18
オンドル	9

カ行

街道弁事所	25
街路	129
家具	144
核家族	7, 15, 16
カクチャ	121
隔代家族	7, 16
掛け布	97
学校中退	50
花瓶付きの花文様	97
壁	130
かまど	140
カミーズ	77
カルドロ	134
カワプ	112
広東幡	89
幹部	19, 25
漢民族化	26, 27
気温	4, 127
起居様式	136, 139, 146
気候風土	126
キチク・チャイ	19, 20, 21
キャピテルカワプ	113
居室配置	132
居民委員会	15, 25
キリヤ	102
金のワンセット	63
櫛	67, 88
グシカワプ	112
クルップトロン	15, 24
クルバン祭	13, 28
傾斜屋根	131
計画出産計画	25, 28
計画生育制度	17, 24
結婚儀礼	19, 21, 23
結婚式	22

結婚指輪	70	スップ	113	電気製品	144
玄関	132	ストーブ	142	トゥルマル	109
建築構造	160	スパンコール	75	道徳的な女性	46
降雨量	127	スユカシ	120	トカシ	121
郷政府	25	生活行為	131	トクスン	4
コーリャン	5, 12, 16, 61	生活様式	147	独立棟	135
コザ	111	石炭	142	ドッパ	80
個室化	139	早婚	7, 45	土塀	130
57民族	36	装飾	143	トムナン	121
コナクアシュ	120	村民委員会	25	トユーク郷	10
婚姻法	34			トルデ・アジ・コロシ	152
婚資	20, 21			トルファン	4, 5, 6, 20, 47

サ行

タ行

ターバン　72　トルロマール　71

耐久消費財　144

ナ行

石榴	93, 171	大隊の幹部	17, 25		
里帰り出産	44	多産	46	長い豊かな黒髪	67
サムサ	108	ダストハン	20, 22	長座布団	136
サンドック	22, 96, 165, 170	脱ムスリム	26	中庭	130
産婆	24	立膝座り	77	仲人	19, 21, 22
刺繍	80, 81	タペストリー	167	夏の台所	158, 169
市場経済化	27	ダリザ	151	ナマズ	7, 9, 79
自宅分娩	24	タルペック	103, 121, 169	ナン	20, 22, 47, 108, 169
シタン	76		170	ニカーフ・トイ	22
シャワー	141	暖房方式	146	燃料	8, 140
14民族	36	地域暖房	143		
就寝様式	139, 146	チャイハナ	135	## ハ行	
絨毯	81, 136, 138, 165	中央アジア	32		
シャルワール	77	チラン	114	バザール	13, 44
収納家具	144	長寿村	39	鉢の木	100
小隊	25	厨房	135	花	88
照明器具	145	直系家族	7	花籃文	100
食堂	135	直系三世代家族	7, 14	花車文	100
白い服	100	直系四世代家族	7, 16	花嫁衣装	89
新疆大学	53	チョン・チャイ	20, 21, 22	パフラン	111
新疆医科大学	53	鎮	15, 16, 25	パルダ	34
スイカシ	120	通婚圏	14	半地下室	134
水道	140	壺形文様	99	パンジル	156
スーツケース	96, 165	テキチェ	155	非識字率	49
スーパー	132, 136	天窓	133	ピアス	24, 60, 61
				ピチャン県	4, 7

羊肉	20, 47
避妊	25
病院出産	24
ビルックカワプ	113
婦女権益保障法	35
不就学	50
葡萄棚	5, 8, 130, 157, 158
冬の台所	158, 164
フラットルーフ	130
ブルチャックアッシュ	120
文化大革命	29, 32
平均初婚年齢	7
ベッド	139
一人っ子政策	19
ヘナ	13, 66
ペリージャ	103
帽子	67, 80, 91
坊主頭	64
ホータン	152
ポーラ	109
ポプラ並木	127, 130, 161, 162
盆花文様	99

マ行

マイサムサ	109
末子相続	17
マンタ	108
見合い結婚	14, 15, 16
右前	73
ミサンザ	109
三つ編み	65
ミマンハナ	151, 155, 165, 170
民族学校	26
民族構成	5
民族比率	128
ムスリム	26, 27, 37
木彫刻	161

綿花	5, 12, 16

ヤ行

ヤフリック	104
ヤプマ	111
床座	138
床暖房	137, 146
ユタザ	109
指輪	21, 69, 70
ユユ	111
養子	15, 18, 19
養子縁組	41
浴室	141

ラ行

ラグマン	108
履床様式	138, 146
冷房	143
恋愛結婚	14, 16, 19
レンガ	130
ローズ祭	13, 28
ロパチ	48, 71

あとがき

　平成11（1999）年度から平成17（2005）年度まで7年間に渡り毎年中国・新疆ウイグル自治区の各地を訪れ、女性の生活調査を行ってきた。その間にまず烏魯木斉(ウルムチ)空港が近代的な施設に建て代わり、ウルムチ市内のバザールが近代的なビルになり、新疆大学のキャンパス内の多くの建物や施設が改修・新築されるなど、その変化は急速であった。政府がウルムチ市や新疆大学を重点的なものとして力を入れていることがはっきりわかる現象であった。
　中国の少数民族の中で例えばウズベク人はウズベキスタン、ハサク（カザフ）人はカザフスタン、モンゴル人はモンゴル国というように他に民族の独立国を有している。しかし、ウイグル人は国を持たない民族であるために、一種心のよりどころとなる国を求める意識が働き中国政府と衝突する。そのような緊張した時代であった。
　総合的な生活調査を目指している私たちに多大な協力を惜しまなかった新疆大学及び新疆大学女性研究センター（劉雲所長）の先生方、元教員のグリ・アルズグリ氏やライラ・ママティ氏、アイシャム・メメティ氏、アブドライム氏ご夫妻（カシュガル師範大学）、ブ・アイシャム氏（カシュガル中学校教員）、日本に留学していたマイラ・メメティ氏（北海道大学大学院）らに深く感謝の意を表する。さらに何よりも快くご協力下さった訪問先のウイグルの方々に心から感謝の意を表する。
　本調査研究は以下の援助を受けて実現したものである。平成11年度－奈良女子大学・学長裁量経費、日本学術振興会平成12～14年度科学研究費補助金、基盤研究(B)(1)、課題番号12572041、研究課題名：「女性と生活環境に関する日中比較研究－新疆ウイグル自治区と日本の実態調査

－」(研究代表者：岩崎雅美)、平成15〜17年度科学研究費補助金基盤研究(B)(2)、課題番号15402001、研究課題名：「中国・新疆ウイグル自治区の女性と生活環境に関する総合的研究」(研究代表者：岩崎雅美)。

　また出版に関しては、前書が平成15年度奈良女子大学プロジェクト経費の補助であったが、今回も同様に平成17年度同経費の補助によって刊行に至った。多くの援助を頂いた奈良女子大学と日本学術振興会に感謝の意を表する。

　おわりに、本書の出版を快く引き受けて下さった東方出版・代表取締役の今東成人氏に厚く御礼を申し上げる。

2006年3月

岩 崎 雅 美

執筆者紹介
（執筆順）

宮坂靖子（みやさかやすこ）
奈良女子大学　家族社会学・ジェンダー論
「変容するアジア諸社会における育児援助ネットワークとジェンダー」（共著、『教育学研究』71-4)、「生活をジェンダーの視点でみるということ」（『生活文化学の愉しみ』昭和堂)、「親イメージの変遷と親子関係のゆくえ」（『親と子―交錯するライフコース』ミネルヴァ書房)、「〈近代家族〉の誕生と変容」「子育てと家族関係」「高齢者介護と老後問題」（『家族論』日本放送出版協会）など。

服部範子（はっとりのりこ）
兵庫教育大学　家族社会学・生活福祉学
「パキスタンにおける結婚・家族とジェンダー」『兵庫教育大学研究紀要』第28巻、「女性をめぐる人権問題」（『21世紀の人権・同和教育への展開』学術図書出版社)、『ドメスティック・バイオレンス（新版)』（共著、有斐閣)、『家族問題―危機と存続―』（共著、シリーズ〈家族はいま…〉第４巻、ミネルヴァ書房)、『変動する家族―子ども・ジェンダー・高齢者―』（共著、建帛社）など。

岩崎雅美（いわさきまさみ）………編者
奈良女子大学　服飾史・服飾美学
「アパレルの歴史―文化史的側面」（『アパレル科学概論』朝倉書店)、「ファッションとは何か」「服飾美とその要素」（『ファッションデザイン』実教出版)、「ファッションという文化」「区切る生活―けじめの文化」（『生活文化学の愉しみ－ライフスタイル・こころ・もの・からだ』昭和堂)、『和文化　日本の伝統を体感するＱＡ事典』（共著、明治図書)、「服飾の地域性」（『服飾表現の位相』昭和堂）など。

村田仁代（むらたまさよ）
大阪樟蔭女子大学　服飾史・服飾美学
『ファッションの歴史―西洋服飾史―』（共著、朝倉書店)、『現代モード論』（共著、日本放送出版協会)、「アートとファッション」「菱沼良樹」（『美術鑑賞宣言』日本文教出版)、「現代女性のファッション観」（『生活文化を学ぶ人のために』世界思想社)、「伝統と現代ファッション―東西の着装観とその美意識」（『化粧文化』32号)、「現代女子下着の特徴」（『現代風俗』第9号）など。2006年3月没。

中田理恵子（なかたりえこ）
奈良女子大学　食物科学・栄養学
「食物とからだ－栄養素の代謝」（『食物科学概論』朝倉書店)、「ホモシステイン」（共著,『血栓症ナビゲーター』メディカルレビュー社)、"Betaine supplementation suppresses plasma homocysteine level elevation induced by folate deficiency."（葉酸欠乏により誘導される血漿ホモシステインレベルの上昇に対するベタインの抑制効果；Nutrition Research (26) 266-270）"Effect of intravenous betaine on methionine-loading-induced plasma homocysteine elevation in rats."（メチオニン負荷によるホモシステイン上昇に対するベタインの効果；The Journal of Nutritional Biochemistry (15) 666-671）など。

久保博子（くぼひろこ）
奈良女子大学　住環境工学・人間工学
『ＣＤブックハウスクリマ』（共著、海青社）、『住まいと健康』（共著、朝倉書店）、『生活環境の快適性』（共著、ケイアイコーポレーション）、「高齢者の居住温熱環境の特徴－関西地区における夏期および冬期の住まい方に関する調査研究－」（共著『日本家政学会誌』46号）など。

瀬渡章子（せとあきこ）
奈良女子大学　住環境計画学
『環境心理の諸相』（共著、八千代出版）、『都市の防犯』（共著、北大路書房）、『ハウジング・デザイン―理論と実践―』（共訳、鹿島出版会）、「子育てに関連する共同施設・サービス付分譲マンションに関する研究―近畿圏を事例として―」（共著『マンション学』第13号）、「関西の住民主導型冒険遊び場における子どもの利用実態と保護者の評価」（共著『ランドスケープ研究』Vol.65 No.5）など。

中国シルクロード　ウイグル女性の家族と生活

2006年11月28日　初版第1刷発行

編　者……………………………………岩　崎　雅　美
発行者……………………………………今　東　成　人
発行所……………………………………東方出版㈱
〒543-0052 大阪市天王寺区大道1-8-15　Tel.06-6779-9571　Fax.06-6779-9573
印刷所……………………………………亜細亜印刷㈱

©2006 Printed in Japan　ISBN4-86249-039-5 C1039

本書の全部または一部を無断で複写・複製することを禁じます。
落丁・乱丁のときはお取り替えいたします。

書名	著者	価格
中国・シルクロードの女性と生活	岩崎雅美編	2,000円
シルクロード・ニヤ遺跡の謎	中井真孝・小島康誉編	2,500円
ウズベキスタン シルクロードのオアシス	荻野矢慶記・関治晃	3,000円
玄奘三蔵のシルクロード 中国編	安田暎胤	1,600円
ウズベキスタン考古学新発見	加藤九祚 他	2,000円
バーミヤン 中淳志写真集		1,800円
玄奘の道・シルクロード 鎌澤久也写真集		2,800円
仏の里・ラオス 太田亨写真集		3,000円
ネパール微笑みの風 荻野矢慶記写真集		2,800円
当尾の石仏めぐり 浄瑠璃寺・岩船寺の四季	写真・文 中淳志	1,200円
亀の古代学	千田稔・宇野隆夫編	2,000円
にっぽん原風景	産経新聞大阪本社写真報道局	2,500円
日本海の夕陽	高田誠三・白鳥正夫	3,500円
中国黄土高原 砂漠化する大地と人びと	橋本紘二	6,000円
万葉を歩く 奈良・大和路	文・山崎しげ子／写真・森本康則	1,500円
インド佛跡巡禮	前田行貴	1,500円
現代シルクロードのイスラム復興	坂井定雄・北村高編	2,000円
新疆シルクロード 李学亮写真集		3,800円

（表示価格は税別）